Une si belle image

Du même auteur

Katherine Pancol

Une si belle image

Jackie Kennedy

1929-1994

Éditions du Seuil
27, rue Jacob, Paris VIe

ISBN 2-02-023183-2

« Le destin, c'est le caractère. »

Novalis

Le 25 novembre 1963, devant un parterre de chefs d'État, de têtes couronnées et de personnalités de toutes nationalités, sans oublier les millions de téléspectateurs rivés à leur poste, Jacqueline Bouvier Kennedy fut élevée au rang de mythe.

Ce n'était pas un jour de pardon pour la veuve du Président. Depuis l'instant terrible où elle avait reçu la tête ensanglantée de son mari sur son tailleur Chanel rose, elle n'avait qu'une idée : montrer à la terre entière « ce qu'ils avaient fait ». Quelle que fût l'identité des assassins, elle ne voulait pas que ce crime horrible pût s'effacer un jour de la mémoire universelle ; puisque le destin de John Fitzgerald Kennedy s'était brusquement arrêté à Dallas, à l'angle d'Elm Street et de Houston Street, elle allait, elle, se charger de poursuivre le cours de l'Histoire et le faire entrer dans la légende qui lui avait été refusée de son vivant.

Ce jour-là, elle mit l'Amérique en position de pénitente stupéfaite, torturée par le remords, glacée par l'effroi. Elle voulut que le pays se traîne trois pas derrière le cercueil de son Président comme une épouse soumise. Elle voulut que le monde entier se tienne à ses côtés et lui donne raison.

Ce n'était pas un jour de pardon.

Ni de communion.

Ni de réconciliation.

C'était un jour de défi.

C'était le jour du sacre d'un homme dont on aurait peut-être oublié, avec le temps, le rôle et l'image. Et par là même, le jour du sacre de sa femme, veuve souveraine, et de ses deux enfants.

Ce jour-là, et pour longtemps encore, tous ceux qui n'étaient pas des Kennedy sont devenus des nains.

La mise en scène raffinée et cruelle voulue par Jacqueline Kennedy eut pour effet de mettre tous ceux qui y avaient assisté dans leur tort. Comme une héroïne de Racine, elle acceptait son sort mais en rejetait la faute sur les autres, tous les autres, qui, dans sa douleur, devenaient des ennemis.

La tendresse infinie qu'elle montra ce jour-là envers ses deux enfants, tendresse qu'elle afficha et souligna même, elle qui détestait exhiber le moindre bout de sentiment en public, n'était-elle pas une manière de proclamer : « Regardez ce que vous avez fait. Regardez ce que vous avez fait d'une famille en plein bonheur, en plein espoir, d'une famille qui incarnait le rêve de toute l'humanité » ?

Ce jour-là, elle s'est construit, toute seule, un piédestal. Ce jour-là, tous les témoins le rapportent, embarrassés, elle était radieuse.

Et le monde entier, du plouc américain de l'Idaho

affalé au comptoir de son coffee-shop dans Main Street au maharadjah las et compassé, réfugié dans son palais des mille et une nuits du Cachemire, se sentit infiniment coupable et redevable envers cette femme si digne, si émouvante, envers son mari, ce héros tombé en héros sous les balles de conspirateurs odieux, et envers ses deux petits enfants qui saluaient la dépouille d'un père adoré.

Combien d'entre vous qui lisez ces lignes en ce moment ont pleuré en regardant à la télévision la lente et gracieuse marche de Jackie derrière le cercueil de son mari? Combien d'entre vous ont été bouleversés devant Caroline, à genoux, baisant le drapeau américain qui recouvrait le cercueil de son père et le salut, coude cassé, de John junior dans son petit manteau de lainage bleu? Pendant combien de temps encore, ces images sont-elles revenues flotter et se superposer, mêlant vos joies et vos peines à sa douleur à elle?

Et pourtant...

Ces funérailles étaient un masque, un gigantesque vêtement d'apparat jeté sur le désordre, le véritable désordre intérieur de la vie de John, de la vie de Jackie, de la vie même des Kennedy. Une mise en scène somptueuse et théâtrale pour faire oublier le reste, tout le reste.

Plus tard, des années plus tard, on apprendrait que, lors de l'autopsie du corps du Président, on avait découvert les ravages non seulement de la maladie d'Addison dont il souffrait, mais aussi de maladies vénériennes, résultat de sa vie sexuelle plutôt errante.

On apprendrait que Rose Kennedy ne pensait qu'à

deux choses en venant à l'enterrement de son fils : à sa tenue vestimentaire et aux bas noirs réglementaires en cas de deuil. Elle avait si peur que ses filles et belles-filles aient oublié ce détail si important qu'elle était arrivée à Washington avec une valise de bas noirs à distribuer, au cas où...

On apprendrait que, la veille des funérailles, pendant que Jackie, réfugiée dans sa chambre, dressait l'interminable liste de tout ce qu'elle avait à faire, le clan Kennedy rassemblé à la Maison-Blanche chahutait, buvait, se soûlait, racontait des blagues.

On apprendrait aussi que ces mêmes Kennedy auraient bien relégué Jackie au rang de potiche mais qu'elle ne s'était pas laissé faire. Puisque la vie de John lui avait échappé, sa mort lui appartenait. C'est ainsi qu'elle décida de tout, reçut elle-même les chefs d'État présents, parla de stratégie nucléaire avec Mikoïan, de l'avenir du monde avec de Gaulle, et plaça le nouveau président Lyndon Johnson loin derrière dans le cortège officiel, afin que lui et ses amis texans ne troublent pas l'élégance de la procession. Elle avait l'œil sur tout : sur la longueur et la qualité du voile noir qu'elle voulait porter et qu'il fallut chercher dans toute la ville, comme sur les peintures qui ornaient le mur du salon ovale jaune où elle allait recevoir le général de Gaulle. Des tableaux de Cézanne en ornaient les murs ; elle demanda qu'ils soient remplacés par des peintures américaines de Bennet et Cartwright.

On apprendrait enfin qu'Aristote Onassis, pendant tout ce temps, résidait en secret à la Maison-Blanche et soutenait Jackie.

On apprendrait bien d'autres choses encore, mais jamais de la bouche même de Jacqueline. Toute sa vie, Jacqueline Bouvier Kennedy Onassis voulut qu'on ne connaisse d'elle que son image. Le vêtement, la pompe et la pourpre. Toute son énergie, elle l'emploiera à entretenir cette image si parfaite, si belle, si lisse qu'elle surveillait attentivement, découpant les photos, les articles parus sur elle, se constituant d'énormes albums qu'elle feuilletait. Rien ne devait transparaître de son intimité sans son approbation. Parce qu'elle avait compris que son siècle allait être un grand dévoreur d'images, elle refusa obstinément de se laisser prendre au piège et de devenir un objet. Elle refusa de se laisser consommer. Elle contrôla tout. Elle se rongeait les ongles et ne voulait pas que ça se sache? Elle portait en toute occasion des gants longs, moyens ou courts assortis à ses tenues. Ses cheveux frisaient à la moindre ondée? Elle lança la mode des petits chapeaux qui aplatissent les racines et empêchent la vrille capillaire. Elle avait des pieds larges, osseux et lourds? Elle ne chaussa que des escarpins bas qui dissimulaient son 42. Elle fumait trois paquets de cigarettes par jour? Elle faisait tenir son mégot par un tiers dès qu'un photographe était en vue. Sans parler bien sûr de toutes les aspérités de son caractère, de toutes les blessures reçues, certaines tels de petits coups de poignard, d'autres si profondes, si brûlantes, si déchirantes, qu'elle dissimulerait, toujours, derrière un large sourire, deux grands yeux noirs écarquillés, comme figés, et une voix de petite fille implorante.
Mais elle était si belle et ses vêtements d'illusion

étaient si beaux que le monde entier, invité à la regarder dès son enfance, se noierait dans l'image, cette si belle image...

Si, dans la vie de Jacqueline Kennedy, l'ordonnance régna en grande maîtresse, c'était bien pour cacher le tumulte de son monde intérieur. Cet ordre intérieur, cette force qui vous permet de vous tenir droit dans la vie. D'avancer, d'avancer jusqu'au bout de vous-mêmes, pour finir par être fidèle à cette haute idée de vous que vous portiez mais que jamais, jamais vous ne croyiez pouvoir atteindre, faute de courage, de ténacité, de confiance en soi, mais surtout, surtout faute d'amour.

Cet ordre-là, chez Jackie, avait été massacré dès son enfance...

I

Jacqueline Bouvier vint au monde le 28 juillet 1929, avec six semaines de retard. Ce n'était plus une naissance, c'était un événement. Jackie n'est pas née : elle a fait son entrée dans le monde. Et, comme les rois et les reines, les princes et les princesses, elle s'est fait attendre.

Cela contraria beaucoup sa mère, qui ne savait plus du tout comment maîtriser son emploi du temps. Il faut dire que Janet Lee Bouvier était une femme énergique et très organisée. Si elle attendait sereinement, en semaine, à New York, que le bébé daigne arriver, quand approchait le week-end, elle ne savait pas si elle devait suivre son mari dans leur maison de campagne à East Hampton ou rester en ville où se trouvait son médecin accoucheur. La tentation de fuir la chaleur moite et étouffante de la ville était chaque fois la plus forte, si bien qu'au bout de six semaines, quand le bébé se décida enfin à paraître, Janet et John Vernou Bouvier III, son époux, se trouvaient loin de New York et du médecin prévu. C'est donc à l'hôpital de Southampton qu'un dimanche après-midi Janet Lee Bouvier donna le jour à une ravissante petite fille de trois kilos six cent trente grammes, aux grands yeux noirs très écartés. On l'appela Jacqueline en l'honneur de son père Jack[1] et de ses ancêtres français.

Agé de 38 ans, John Bouvier, un agent de change, était plus connu sous le nom de Black Jack. Janet Lee Bouvier avait 22 ans et Jacqueline était son premier enfant. Vu de l'extérieur, les Bouvier formaient un couple parfait. Riches, beaux, éduqués, élégants, ils faisaient l'envie de tous et vivaient dans un luxe de bon aloi au milieu d'un ballet de jardiniers, de chauffeurs et de domestiques en livrée. Janet, petite, brune et fine, voulait à tout prix faire oublier que ses grands-parents étaient de pauvres paysans irlandais qui avaient fui la famine. Son père, qui ne payait pas de mine, s'était échiné très honnêtement et avait fait fortune. Mais les Lee étaient considérés, dans la bonne société new-yorkaise, comme des nouveaux riches, ce qui faisait abominablement souffrir Janet, qui s'était mis en tête de faire un beau mariage. L'ascension et la position sociale seraient l'obsession de toute sa vie. Et comme, en ce temps-là, une jeune fille de bonne famille ne pouvait espérer progresser dans la vie qu'à travers son mari, il lui fallait choisir le bon parti. Janet Lee ne parlait jamais sentiment, mais stratégie.

La famille Bouvier fut donc la première marche de son

---

1. Le diminutif de John, en américain, est Jack. C'est ainsi que John Bouvier est devenu Jack Bouvier puis Black Jack. Et que, plus tard, John Kennedy sera à son tour appelé Jack.

avancée impitoyable. Dans son livre sur Jackie [1], David Heymann raconte comment John Vernou Bouvier III se vantait d'être le rejeton de toute une lignée d'aristocrates français dont l'histoire avait été dûment retracée par le grand-père dans une plaquette intitulée « Nos ancêtres », publiée à compte d'auteur, que toute la famille étudiait religieusement. Il s'y inventait des châteaux de famille, des batailles, des duels sous des remparts séculaires, des ducs et des duchesses, des alliances avec les rois de France, là où il n'y avait en réalité qu'un pauvre quincaillier nécessiteux de Grenoble et sa femme. Poussés par le besoin, les Bouvier avaient quitté le sol français pour s'installer en Amérique. Néanmoins, « Nos ancêtres » restait la Bible des Bouvier qui y croyaient dur comme fer et se servaient de leurs nobles origines pour justifier une arrogance, de grands airs et surtout la liberté de faire ce que bon leur semblait et de se situer au-dessus des lois régissant les pauvres manants.

Janet apportait donc l'argent tout frais de son père, Jack les blasons usurpés de ses ancêtres. Elle y trouvait une situation, et lui un portefeuille. Ce mariage avait d'ailleurs surpris tout le monde. Le père de Jackie était en effet connu pour être un coureur de jupons effréné. On pensait même qu'il ne se marierait jamais tant sa consommation de femmes était considérable. Grand,

---

1. *Jackie. Un mythe américain. Jacqueline Kennedy Onassis*, Robert Laffont, Paris. Le lecteur trouvera, p. 235, la liste des ouvrages où figurent la plupart des épisodes de la vie de Jacky Kennedy que j'évoque. Je leur dois, en particulier, de pouvoir citer, dans le cours du texte, les propos tenus par les témoins ou les acteurs de ces épisodes.

costaud, carré, avec des cheveux noirs abondamment gominés, des yeux bleus écartés, une ligne de moustache, un teint mat foncé, il séduisait à tour de bras et se vantait de pouvoir épuiser quatre à cinq femmes par nuit. Ce qui l'intéressait, avant tout, c'était de conquérir. De faire baisser les yeux de sa proie. Dès qu'il avait lu l'acquiescement frémissant dans les yeux de la belle, il la renversait prestement avant de passer à la suivante, laissant d'innombrables malheureuses sanglotant dans son sillage. Les femmes étaient d'ailleurs le seul terrain où il excellait. Il avait fui avec application la Première Guerre mondiale jusqu'à ce que la conscription le rattrape. Il fut envoyé en Caroline comme sous-lieutenant dans les transmissions. Là-bas, comme il l'écrivit à un ami, il écumait « les bars et les bordels enfumés et bruyants, en attendant que cette sale petite guerre se termine ». Au moins, il ne se prenait pas pour un héros. Ni pour un homme d'affaires. Il négociait quelques contrats entre deux rendez-vous galants, accumulait les dettes, mais trouvait toujours de nouveaux naïfs à charmer et à plumer sans jamais faire le moindre geste pour les rembourser. Son ambition affichée était de devenir très riche et de prendre sa retraite avant 40 ans, dans le Midi de la France, sur un yacht entouré de belles filles ! « Ne faites jamais rien pour rien », proclamait-il, cynique.

Bref, cette union semblait compromise depuis le premier jour. En pleine lune de miel, sur le bateau qui l'emmenait avec sa jeune épouse en Europe, Black Jack flirta avec une passagère et Janet, furieuse, brisa le miroir à trumeaux de leur suite nuptiale.

Comme beaucoup de grands séducteurs, Jack Bouvier tombe amoureux fou de sa fille. Rien n'est jamais assez beau pour celle qu'il ne se lasse pas de contempler et d'encenser. « Ma beauté », « ma plus que belle », « mon tout le plus beau du monde », lui murmure-t-il en la tenant, toute petite, dans sa large main. La petite fille se remplit de ces mots d'amour, elle se redresse pour paraître encore plus grande, plus belle, plus essentielle à cet homme devant qui toutes les femmes tremblent et qui choisit de s'incliner devant elle. Car les petites filles devinent toujours la séduction d'un père. Et elles en sont fières. Il leur suffit d'un balbutiement pour réduire à néant des hordes de rivales. Les petites filles de séducteurs ne prennent jamais le parti des autres femmes, ni de leur mère. Elles sont si contentes d'être l'élue, l'unique...

Janet hausse les épaules et trouve tous ces mots d'amour déplacés. Presque grossiers. Un père ne parle pas d'amour à sa fille. Il se tient raide et droit et contemple son enfant de haut. Avec affection, certes, mais sans jamais le montrer. Les mots d'amour, les câlins sont le fait des gens de basse extraction ou des romans à l'eau de rose qu'on lit en cachette, l'après-midi dans sa chambre. Un père digne de ce nom ne doit pas se laisser aller à des comportements aussi vulgaires. Il doit apprendre à sa fille l'application, la modestie, les bonnes manières, l'obéissance et à se tenir le dos bien droit.

Black Jack n'écoute pas et se rapproche un peu plus près encore des grands yeux écarquillés de sa fille pour y couler de nouveaux mots d'amour. « Tu seras reine, ma beauté, ma Princesse, ma toute belle, tu seras reine du monde, et les plus grands viendront te rendre hommage. Et sais-tu pourquoi ? Parce que tu es la plus belle, la plus intelligente, la plus envoûtante des femmes que j'aie jamais connue... »

Ce qui ne l'empêche pas, une fois le bébé reposé dans son berceau, de déclarer à sa femme que, ce soir, il ne dînera pas à la maison car il a du travail et ne rentrera probablement que très tard. Il lisse ses cheveux noirs, vérifie l'ordonnance de son beau costume en gabardine blanche, ajuste sa cravate, son gilet, sa pochette, dépose un baiser distrait sur le front tout aussi distrait de son épouse et sort.

Janet n'est pas dupe. Mais elle ne veut rien savoir. Tant que les apparences sont respectées, tant que les incartades de Black Jack restent circonscrites à son club, ses amis, ses cercles de jeu, elle ferme les yeux. Janet est une femme pratique. Elle a fait un mariage de convenance et elle le sait. Elle ne croit pas au Prince charmant, elle croit aux belles maisons, aux rideaux épais et cossus, aux domestiques stylés, aux guéridons supportant de larges bouquets de fleurs, aux cendriers bien astiqués, aux livres alignés dans leur reliure de cuir, aux dîners aux chandelles avec des convives puissants, riches et bien nés. L'existence, pour Janet Bouvier, se limite à ce qui se voit. Hors les apparences, point de salut. Elle-même, d'ailleurs, est parfaite, toujours élégamment vêtue, coiffée, maquillée. Pas un cheveu qui ne dépasse ou de rouge à lèvres qui bave. Pas de rougeur subite ou d'intonations haut perchées. Elle connaît les règles du grand monde, elle les enseignera à sa fille. Elle lui dictera les belles manières, à cheval ou à table, la maîtrise de soi, le respect de l'étiquette. Elle la conduira chez les bons dentistes, les meilleurs professeurs de danse, l'inscrira dans d'excellentes écoles et surveillera ses fréquentations afin que, le temps passant, elle épouse le mari qui conviendra à toutes ses espérances à elle.

En attendant, la petite Jackie a une nurse anglaise, des barboteuses à smocks, des landaus bien suspendus, une chambre pleine de jouets, de poupées et d'animaux en peluche provenant des meilleures adresses. Elle a de bonnes joues rondes, de grands yeux noirs qui regardent bien droit et qui rient, d'épais cheveux frisés retenus par un ruban. Elle grandit dans un superbe duplex sur Park Avenue, entourée de nombreux domestiques. C'est le grand-père Lee, le père de Janet, qui pourvoit en partie à ce luxe, mais Janet ferme les yeux, pour l'instant. Elle est trop heureuse d'avoir réalisé son rêve : faire partie du gratin new-yorkais et mener grand train.

A 2 ans, à l'occasion de son anniversaire, Jacqueline Bouvier fait son entrée dans le monde et reçoit ses amis. Un journaliste de l'*East Hampton Star* couvre l'événement et écrit « qu'elle s'est montrée une hôtesse tout à fait charmante ». Un mois plus tard, on parle encore d'elle dans la presse alors qu'elle présente son scotch-terrier Hootchie lors d'une exposition canine. Son père, au premier rang, rayonne de fierté et l'applaudit à tout rompre. Jackie, s'appuyant sur cet amour fou, se sent pousser des ailes. Elle se sait aimée et ne doute de rien. Surtout pas d'elle.

Sa sœur Caroline Lee [1] naît le 3 mars 1933. On l'appellera vite Lee, comme on a surnommé Jacqueline, Jackie. Elle n'aime pas ce diminutif qu'elle trouve masculin, et, toute sa vie, demandera, en vain, qu'on l'appelle Jac-line. C'est tellement plus joli que Jackie ! Un jour, alors qu'elle a 4 ans et demi et se promène dans Central Park en compagnie de Lee et de sa nounou, elle s'égare. Un policier la retrouve et lui demande si elle est perdue. Elle le regarde avec fermeté et le somme : « Allez donc chercher ma petite sœur et ma nurse ; ce sont elles qui sont perdues ! »

Les photos de Jackie, à cet âge, montrent une petite fille altière, au sourire éclatant, dont les yeux brillants regardent bien en face et qui a l'air de dire : « A nous deux la vie ! » Une petite fille vorace, gourmande, qui n'a peur de rien et domine son monde.

Persuadée qu'elle est exceptionnelle, elle dit haut et fort ce qu'elle pense et en est très fière. Elle ne se donne pas le moindre mal pour faire des compliments, par exemple. Ou pour dire des mensonges qui flattent et font plaisir. Elle peut même se révéler blessante à force d'assener la vérité. Elle n'a ni la douceur ni la tendresse de sa petite sœur, Lee. Dans l'immeuble où elles habitent, il y a un garçon d'ascenseur qui s'appelle Ernest, dont les cheveux se dressent en toupet blond sur le sommet du crâne. Une sorte de Tintin américain. Les deux filles rient beaucoup d'Ernest quand elles sont seules dans leur chambre. Elles dessinent des

---

1. Aux États-Unis, on peut donner un nom de famille – en l'occurrence, celui de la famille Lee – comme deuxième prénom.

Ernest plus ridicules les uns que les autres, avec des crânes pointus et tout jaunes. Un matin, en pénétrant dans l'ascenseur, Lee dit à Ernest : « Comme tu es beau, Ernest, aujourd'hui ! Comme tu es bien coiffé ! » Ernest se rengorge, jette un coup d'œil admiratif à sa houppe blonde dans le reflet de la porte acajou et va pour appuyer sur le bouton de l'ascenseur lorsque Jackie intervient et ajoute : « Comment peux-tu dire ça, Lee ? Ce n'est pas vrai. Tu sais très bien qu'Ernest ressemble à un coq. »

A l'école, elle n'est pas plus disciplinée. Elle s'ennuie à mourir et ne le cache pas. Elle a toujours terminé avant tout le monde et, ne sachant que faire, embête les autres élèves. Elle aime apprendre et déteste attendre. A la maison, elle se réfugie dans les livres et dévore *Le Magicien d'Oz*, *Le Petit Lord Fauntleroy* et *Winnie l'ourson*. Quand elle a fini ses livres d'enfants, elle prend un escabeau et attrape un des jolis livres reliés. Un jour, elle a 6 ans, sa mère la surprend en train de lire des nouvelles de Tchekhov. Étonnée, elle lui demande si elle saisit le sens de tous les mots. « Oui, répond Jackie, sauf "sage-femme". »

La directrice de l'école a beau reconnaître que la petite Jacqueline est très en avance pour son âge et très douée, elle se plaint néanmoins de son manque de docilité. Comme Jacqueline a la passion des chevaux, la directrice la convoque et lui explique que le plus beau cheval du monde, s'il n'est pas dressé, restera une bourrique toute sa vie. C'est un langage que Jackie comprend, et elle promet de faire des efforts.

Sa mère l'a hissée sur le dos d'un poney à l'âge d'un

an. Elle est souvent en tenue d'équitation, tirée à quatre épingles sous sa bombe. Elle fait travailler ses chevaux pendant des heures pour les concours d'équitation. Ces jours-là, toute la famille est présente. Et plus il y a de monde pour l'admirer, plus elle est contente. Ce qu'elle veut, c'est gagner. S'il lui arrive de perdre, c'est un drame. Mais si elle tombe, elle ne dit rien et remonte immédiatement en selle. Certains trouvent qu'elle a du courage. Elle ne se pose même pas la question : sa mère l'a élevée comme ça. Dans la compétition. Ne jamais pleurer, ne jamais rien montrer, serrer les dents et recommencer jusqu'à ce qu'elle soit la première. Janet ne supporte pas les débordements d'émotion. Évidemment, cette attitude ne lui permet pas d'avoir beaucoup d'amies. Pour avoir des amies, il faut partager, faire attention à l'autre, ne pas l'écraser de sa supériorité. La petite Jacqueline n'est pas très douée pour ça. Elle n'est heureuse que lorsqu'elle gagne et bat tous les autres enfants.

Le cheval est aussi un refuge quand ses parents se disputent. Et ils se disputent de plus en plus souvent. Le krach boursier du 24 octobre 1929 est passé par là. Les affaires de Black Jack vacillent. Il a fait des placements hasardeux, des spéculations malchanceuses. Et en plus, il joue. Ses besoins d'argent vont croissant et il emprunte de plus en plus à son beau-père, qui n'a guère d'estime pour ce gendre dispendieux. Janet Bouvier l'apprend. Elle se moque d'être trompée mais elle ne veut pas que son niveau de vie baisse. Elle pressent que si Black Jack continue à dilapider l'argent, elle va vite se retrouver ruinée, avec ses deux filles.

Elle déteste cette perspective. Elle a pris goût au luxe. Elle ne jette pas l'argent par les fenêtres mais apprécie l'aisance. Black Jack, de son côté, se comporte en enfant gâté. Stephen Birmingham, dans son livre sur Jackie [1], trace un portrait très pertinent de John Bouvier : quand tout va bien, que l'argent des autres entre à flots dans sa bourse, il se montre charmant, généreux, plein d'humour et d'attentions. Mais quand les temps deviennent plus durs, qu'il est obligé de compter, de faire attention, il ne comprend plus. Il est déboussolé, déprimé. Il s'en prend aux autres. Il devient violent. C'est un enfant qui refuse la réalité.

Entre les deux époux, les disputes éclatent en pleine nuit et Jacqueline se faufile dans le couloir. Elle écoute les cris de son père et les reproches de sa mère. Elle entend parler d'avocats, d'argent, de maîtresses, de dettes de jeu, de train de vie. Elle entend son père traiter sa mère de snobinarde, d'arriviste, de petite parvenue irlandaise, et elle déteste son père. Elle entend sa mère traiter son père de minable, de Don Juan de quatre sous, et elle déteste sa mère. Leurs disputes font trembler les murs. Elle a très peur. Elle imagine des choses horribles, des bris d'objets, des coups, une bagarre, un meurtre en pleine nuit... Sa sœur, Lee, dort paisiblement dans sa chambre, mais Jackie est obligée de se boucher les oreilles pour ne plus entendre ses parents. Elle s'endort contre la porte de leur chambre, après avoir épuisé toutes les prières qu'elle connaît. De plus en plus, elle se bouche les

---

1. *Jacqueline Bouvier Kennedy Onassis*, Grosset and Dunlap Inc., New York.

oreilles et se coupe du monde réel. Elle s'invente des histoires où elle est la Reine du cirque, où elle épouse le trapéziste le plus beau, le plus brillant, le plus courageux, celui dont toutes les autres écuyères sont amoureuses. Elle grimpe dans les arbres pour être seule et s'absorbe dans des feuilletons sans fin qu'elle invente pour se rassurer. A la fois princesse et garçon manqué, elle rêve de s'enfuir de la maison avec sa couronne et de parcourir l'univers comme une aventurière. Elle rêve aussi du Prince charmant qui viendra l'enlever sur son cheval blanc, l'installera dans une grande maison où ils seront heureux et auront beaucoup d'enfants. Elle imagine la maison, la décore, passe un temps fou à décider où seront le salon, la salle à manger, la chambre, la salle de jeux des enfants, choisit la couleur des rideaux, du canapé, dispose des lampes, organise de brillantes réceptions où tout le monde s'extasie devant ce couple si beau, qui s'aime si fort. Tout cela la rassure et l'angoisse disparaît. Dans la rue, en allant à l'école, elle repère des maisons qui servent de décor à ses histoires. Elle attend chaque soir avec impatience pour reprendre son rêve.

Elle se raconte des histoires pour ne pas écouter les potins qui commencent à circuler dans leur petit cercle d'amis. On parle de plus en plus souvent et ouvertement des disputes des époux Bouvier. Les autres enfants saisissent des bouts de conversations chuchotées entre leurs parents et asticotent Jackie, trop contents de pouvoir rabattre le caquet de cette prétentieuse qui gagne toutes les coupes, les bat au tennis, dirige leurs jeux, à qui il faut toujours obéir. Jacqueline a 7 ans. Elle ne bronche pas, joue les parfaites indifférentes, mais se réfugie de plus en plus dans son monde imaginaire et dans ses livres. Elle lit tout ce qui lui tombe sous les yeux.

Quand elle redescend sur terre, c'est pour affronter de nouvelles épreuves. Un jour, alors qu'elle se trouve seule dans l'appartement avec sa nounou de toujours, Bertha Newey, sa grand-mère Lee, la mère de Janet, vient lui rendre visite. Que se passe-t-il réellement entre la grand-mère et sa petite-fille ? Jackie est-elle maussade, bougonne, ne montre-t-elle pas assez d'empressement à répondre à sa grand-mère ? Ou lui lâche-t-elle, comme elle en a le secret, une de ses répliques insolentes ? Toujours est-il que la grand-mère estime que Jackie lui a mal répondu. Elle tend le bras pour lui donner une gifle, mais la brave Bertha s'interpose et c'est elle qui reçoit le coup. Stupéfaite, Bertha, sans réfléchir, soufflette la grand-mère qui repart, indignée, et exige de sa fille qu'elle renvoie sur-le-champ cette domestique qui oublie son rang. Jackie aura beau supplier, pleurer, promettre tous les sacrifices du monde, Janet se montre inflexible, et Bertha doit faire ses bagages. C'est un coup terrible pour Jackie. Bertha était la seule personne rassurante dans le grand appartement que sa mère déserte de plus en plus. Car Janet panique. Elle se met à boire, à sortir avec n'importe qui. Elle ne supporte pas de voir son univers se lézarder, tout le bel ordre qu'elle avait mis en place menacé par la faute de son mari.

Pendant quatre ans, les Bouvier vont parler divorce, se menacer mutuellement d'avocats, se séparer plusieurs fois sans jamais arriver à se décider pour de bon. L'atmosphère dans le grand duplex de Park Avenue devient vite irrespirable. Si la petite Lee, beaucoup plus jeune, ne paraît pas touchée, il n'en est pas de même pour Jackie. Elle voit tout, elle entend tout. Elle ne comprend pas tout, mais elle imagine le pire. Elle irrite sa mère par son air sombre, ses réactions brusques, violentes. Elle l'irrite parce qu'elle prend toujours la défense de son père. Jackie ressemble physiquement à Black Jack. Et il n'est pas rare que Janet corrige sa fille pour une raison ou pour une autre. Elle ne le sait pas elle-même. C'est plus fort qu'elle, la gifle part. Alors Jackie se rebiffe et menace de rejoindre Black Jack.

Un jour, alors que sa mère est absente, Jackie se rue sur le Bottin pour trouver le numéro de téléphone de l'hôtel de son père : elle veut aller vivre avec lui. Mais quand elle le retrouve, elle n'ose rien dire. Elle ne trouve pas les mots. Elle commence tout de suite par lui demander quand il va repartir. Parce qu'il repart toujours et qu'elle ne sait jamais quand elle le reverra. C'est une petite fille si anxieuse que, chaque fois qu'elle est avec son père, elle insiste pour faire les mêmes choses que le week-end précédent. Black Jack plaisante, rit et demande à Jackie si elle ne veut pas changer, pour une fois. Jackie secoue la tête et répond que non. Elle veut tout pareil que la dernière fois. Seule la routine la rassure.

Quand ses parents sont séparés, que Black Jack vit à l'hôtel, Jackie ne voit son père que le samedi et le dimanche. Elle vit dans l'attente de ces deux jours. Malgré ses ennuis d'argent, Black Jack entend bien éblouir ses filles à chaque sortie. Rien n'est trop beau pour elles. Il les emmène au zoo du Bronx, sur le champ de courses où il les présente à tous les jockeys. Ou dans les magasins de la Cinquième Avenue qu'ils dévalisent; Black Jack s'accoude près de la caisse et dit à ses filles : « Allez-y, achetez tout ce que vous voulez, je veux que vous soyez belles, mes filles, mes beautés, mes amours ! » Jackie et Lee gambadent dans les rayons et entassent par terre tout ce qu'elles veulent acheter. Black Jack éclate de rire et applaudit. Ensuite, c'est le cinéma, puis ils vont manger des glaces ou ils assistent à des compétitions d'aviron ou à des matchs de base-ball. Ses filles adorent les chiens, mais Janet a exilé tous les animaux dans la maison de campagne. Il s'arrange avec un magasin pour en emprunter le temps d'un dimanche. Tous les trois, ils s'amusent à repérer les cabots les plus tristes, les plus miteux, ceux dont personne ne veut; ils rient sous cape devant la mine déconfite du propriétaire qui ne comprend pas, et hop ! direction Central Park. Le week-end, c'est la fête... et quelquefois, c'est la fête en semaine. Un vendredi matin, Black Jack emmène ses deux filles à la Bourse où il a réservé la galerie des invités rien que pour elles. Auparavant, il a chauffé la salle, expliquant à quel point ses petites filles sont belles, adorables, intelligentes. Lorsqu'elles apparaissent, surplombant les cours de la Bourse et les hommes pressés, c'est un chahut inoubliable. La salle explose en applaudissements et Jackie et Lee, telles deux altesses royales, saluent au balcon, font des révérences, agitent la main. Jackie est enchantée. Elle rayonne de joie. Et son père exulte !

Jackie s'amuse avec son père. Il adore raconter des histoires, celles de son enfance à lui; il exhorte Jackie à écrire ses histoires à elle. Il la pousse surtout à ne pas être comme les autres. Quand il parle, Jackie n'a plus peur. Elle a confiance en elle. Elle a confiance en lui. Elle le croit quand il dit que jamais, jamais il ne les abandonnera. Qu'il se battra jusqu'au bout pour les garder. Elle l'écoute, rassurée. Elle s'entend si bien avec lui! Bien mieux qu'avec sa mère pour qui tout doit être rangé, étiqueté, «normal». Et puis, il a toujours cette manière de la regarder, de lui couler des mots d'amour rien qu'en posant ses yeux dans les siens. Alors elle se sent si importante, si aimée que plus rien ne lui fait peur. Elle sait bien qu'elle est sa préférée, elle a compté dans sa chambre d'hôtel, au Westbury: il y a plus de photos d'elle que de Lee... Elle est un peu jalouse de sa sœur qui est plus gracieuse, plus fine, plus facile qu'elle. Plus tard, elle confessera: «Lee était toujours la plus jolie, je suppose que j'étais censée être la plus intelligente.» Et en même temps, la réelle affection qui unit les deux petites filles (et qui ne se démentira jamais par la suite) l'aide à survivre dans le bourbier familial.

Jackie aura raison pendant quatre ans. Les Bouvier ne vont pas divorcer tout de suite. Janet hésite, et Black Jack, désespéré à l'idée de perdre ses filles, lui promet toujours qu'il va s'amender, qu'il n'aime qu'elle, qu'il ne peut vivre sans elle. Il la supplie de reprendre la vie commune. Janet sera tentée plusieurs fois. A cette époque, on ne divorce pas à la légère. C'est un scandale. On négocie plutôt des séparations pour sauver les apparences. Si Janet a le courage de fermer les yeux sur l'inconduite de son mari, de ne rien dire, elle n'a pas encore celui d'affronter la société et de partir. Elle réagit à sa manière à elle, refuse d'apparaître en public avec lui, lui fait des scènes entre quatre murs. Mais, devant les autres, elle ne montre rien, fait comme si de rien n'était.

Alors les Bouvier se retrouvent et se séparent, partent en voyages de réconciliation qui finissent en orages. C'est une photo parue dans la presse qui rendra Janet folle de rage et la conduira pour la première fois chez un avocat. Publiée dans le *New York Daily News*, on y voit Janet, au premier plan, en tenue d'équitation, hissée sur une barrière et, juste derrière, Jack Bouvier tenant tendrement la main d'une dame. Légende de la photo : « Ménage à trois. » Le scandale éclate au grand jour. Janet ne peut plus prétendre qu'elle ignore tout de l'inconduite de son époux. Mais l'époux est coriace. Il ne veut perdre ni ses filles ni l'argent des Lee. Il revient à la charge. Par des mots. Parce que, dans les faits, il continuera exactement comme par le passé à accumuler les dettes et les conquêtes. Lorsque, enfin, devenue la risée de tous et poussée par son père qui refuse de continuer à entretenir un gendre irresponsable, Janet se résigne à demander le divorce, elle n'aura aucun mal à prouver qu'il la trompe.

Le 16 janvier 1940, le *New York Daily News* publie un nouvel article provocant : « Un agent de change de la haute société assigné en divorce. » Suit toute une liste des adultères commis par Jack Bouvier et relevés par le détective privé que Janet a mis sur ses traces.

L'article fera sensation et sera repris par toute la presse, de New York à Los Angeles, jetant la famille Bouvier en pâture au public.

Le 22 juillet 1940, à Reno, dans le Nevada, Janet Lee Bouvier obtient enfin le divorce. Ce qui n'a jamais été une belle histoire d'amour prend fin. La jeune divorcée se retrouve, seule, avec ses deux filles de 11 et 7 ans et une pension alimentaire de mille dollars[1] par mois. Si le conte de fées de Janet Bouvier est à recommencer, la petite Jackie, elle, ne croit plus du tout aux fées.

Sur les photos de cette époque, les yeux noirs de Jackie ne sourient plus. Ils ne regardent plus le monde en face. Ils sont éteints, comme morts, et le regard qui filtre est celui d'une petite fille méfiante, triste, renfermée.

Elle a accompagné Janet à Reno. Elle a entendu de la bouche même de sa mère que cette fois, c'est sûr, le divorce est prononcé, qu'elle verra son père un week-end sur deux et un mois par an, comme les hommes de loi l'ont arrêté. Elle n'a rien dit. N'a pas cillé, pas pleuré. Elle est trop petite pour décider, pour choisir d'aller vivre avec son père. Elle ressent une grande injustice. Les adultes ont résolu son sort sans lui en parler. Elle a été une balle de ping-pong qu'ils se sont renvoyée jusqu'à ce qu'elle soit toute cabossée. Pour Jackie, c'est la fin de son monde. Ce qu'elle redoutait depuis quatre ans est arrivé. C'est la dernière fois qu'elle souffre autant. Elle ne prendra plus jamais le risque d'aimer. Cela fait trop mal. C'est trop risqué. Trop

---

1. Somme à multiplier par six pour obtenir l'équivalent en dollars d'aujourd'hui.

dangereux. Elle a fait confiance à son père. Elle a cru tous les mots d'amour qu'il lui murmurait et pas un n'était vrai puisqu'il part, qu'il l'abandonne.

De ce jour-là, Jackie ne pensera plus qu'à une chose : sauver sa vie, ne plus jamais, jamais la remettre entre les mains d'autrui, et surtout ne plus faire confiance aux autres.

Cette petite fille de 11 ans se retire de la vie. Elle s'enferme dans son monde intérieur, un monde où elle ne craint rien, où elle ne laisse entrer personne. Elle fait semblant que la vie continue. Elle lui prête son concours. Mais de loin, en spectatrice.

Elle va devenir la Princesse au petit pois. Un mot de travers, un regard noir, un haussement d'épaules, le plus léger signe d'abandon la précipiteront dans le plus grand désarroi, le plus grand désespoir, mais elle ne montrera rien et souffrira en silence. Elle retiendra sa souffrance et offrira une image d'elle forte, têtue, hautaine, seule armure capable de la protéger.

II

En apparence, Jacqueline n'a pas changé. Elle lit toujours autant, si ce n'est plus. Avec une nette préférence pour la littérature romantique, précise David Heymann. Elle engloutit l'œuvre complète de Byron et se délecte de ses poèmes. Elle suit avec application ses cours de danse classique et s'est constitué une bibliothèque exclusivement consacrée à la danse. Elle écoute de la musique, peint, écrit des poèmes, dessine. Achète des ouvrages sur l'aquarelle, la peinture à l'huile et le dessin. Tout ce qu'elle fait, elle le fait à fond. Avec rage même. Comme si elle cherchait à épuiser la colère qui est en elle. Elle ne colle pas un timbre, elle l'aplatit à coups de poing. Elle ne lit pas, elle dévore. Elle ne joue pas, elle régente les autres enfants.

Jackie a trop d'énergie pour se laisser aller ouvertement à la dépression, à la mélancolie. Elle continue à rafler les premiers prix, qu'il s'agisse d'un bal costumé ou d'un concours hippique. Elle n'a toujours pas d'amie proche et n'essaie pas de s'en faire. Elle préfère intriguer, fasciner les filles de son âge que de roucouler en vaines confidences ou piquer des fous rires imbéciles. L'intimité lui répugne. Elle se situe au-dessus du lot commun. Elle est peut-être une petite fille de divorcés montrée du doigt à l'école, et devant laquelle les adultes s'attendrissent en chuchotant « la pauvre enfant ! », mais elle est première en tout et ne ressemble à personne. Elle refuse cette pitié de mauvais aloi qu'elle sent sourdre dans les regards des gens « comme il faut ». Elle interdit qu'on la plaigne. Elle ne veut pas laisser filtrer la moindre peine.

Et puis, elle s'est vite rendu compte que, lorsqu'on tient la vie, les gens à distance, non seulement on souffre moins, mais en plus, on devient un être spécial. Différent. Et cette différence l'enchante. La rend importante. Les filles et les garçons de son âge, s'ils ne la trouvent pas follement sympathique, sont attirés par elle, et elle joue de cette attirance.

« Devinez à quelle chanson je pense ce matin ? » demande-t-elle un jour à un cercle d'enfants rassemblés autour d'elle. Ils passent toute la matinée, en rond, à tenter de déchiffrer les pensées de la Princesse qui refuse de se livrer.

Quand elle s'ennuie, elle grimpe dans les arbres avec un livre ou reprend son feuilleton de la Reine du cirque qui épouse le beau trapéziste. C'est son histoire à elle, et personne ne viendra la saccager.

Bien sûr, tout n'est pas aussi facile ni gratifiant. Il ne suffit pas de décider de ne plus rien ressentir pour que la vie cesse, soudain, comme par enchantement, de vous égratigner. Sous son habit emprunté de princesse lointaine, Jackie est une petite fille comme les autres.

Elle a beau s'entraîner à garder ses distances, il lui arrive souvent d'être brusquement blessée par une remarque ou de ressentir un grand vide affectif. Black Jack lui manque, l'insouciance et la joie de vivre de son père, ses déclarations d'amour, ses apparitions magiques lui manquent. Il lui arrive de rentrer de l'école, de le chercher partout dans l'appartement, d'appeler « papa... papa... » puis de se laisser tomber sur une chaise et de se rappeler qu'il n'est plus là. Il est parti. Sans elle. Elle est prise de vertige. Elle ne peut pas vivre sans lui. Elle est trop fragile. Elle est lasse de faire semblant. Alors Jackie voudrait redevenir une petite fille ordinaire, pouvoir pleurer, se réfugier dans des bras affectueux. Arrêter son jeu de belle indifférente et dire « Pouce ». Mais de quelque côté qu'elle se retourne, elle ne trouve personne pour la consoler. Sa mère ne connaît rien aux câlins, sa nounou est partie et sa petite sœur est trop jeune. Dans ces moments-là, l'absence d'une amie de cœur, d'une complice à qui tout raconter se fait cruellement sentir. Ce sont des moments de grand découragement, qui arrivent soudain, sans qu'elle sache très bien pourquoi. Des bouffées de désespoir qui la précipitent dans des abîmes de tristesse. Elle se sent alors terriblement seule, désemparée. Elle a l'impression qu'elle n'a plus rien à quoi se raccrocher et elle panique. Sa détresse s'exprime par de brusques sautes d'humeur auxquelles son entourage ne comprend rien. Elle non plus d'ailleurs. Elle en veut au monde entier sans savoir pourquoi. Elle s'affronte violemment avec sa mère puis s'enferme dans sa chambre et ne veut plus en sortir. Il faudrait une autre éducation pour qu'elle

ose dire sa tristesse, qu'elle mette des mots, même maladroits, sur son malaise, qu'il devienne réel et qu'elle le
dépasse, ou l'accepte. Mais on lui a appris exactement
le contraire : ne jamais rien montrer. Alors Jackie se
retire encore un peu plus du monde réel et dérive dans
son monde imaginaire. Absente.

Il faudrait aussi une mère plus sensible, plus tendre,
plus attentive que Janet. Mais pour Janet, ce qu'on ne
dit pas n'existe pas, et c'est bien mieux comme ça. De
la même manière que le désordre la met mal à l'aise,
elle fuit obstinément l'affrontement, les colères, les
grandes explications. Et puis, Janet a d'autres soucis en
tête. Dans l'immédiat, elle doit joindre les deux bouts,
et, ensuite, se remarier. Parce qu'une femme bien ne
reste pas seule. Enfin, il faut qu'elle garde la tête haute
dans la compétition terrible que lui livre Jack Bouvier
pour emporter l'amour de ses filles.

Parce que entre Jack et Janet, maintenant, c'est la guerre
et la haine. Et Janet n'a pas le beau rôle. Comme elle a
la garde des enfants, c'est elle qui, toute la semaine, les
harcèle pour qu'elles se tiennent bien à table, disent
bonjour à la dame, ne s'affalent pas dans les fauteuils,
aient de bonnes notes à l'école, boivent leur lait, se
brossent les dents tous les soirs et se couchent à huit
heures tapantes. C'est elle qui répète que la vie est plus
difficile qu'avant, qu'on ne peut pas garder le poney en
pension ni acheter la belle robe en vitrine, qu'il faut
faire attention à l'argent. « On ne trouve pas l'argent
sous le sabot d'un cheval », répète-t-elle tout le temps.
Elle serine ses recommandations, elle surveille, elle ne
laisse rien passer. Elle élève ses filles comme une sur-

veillante de pension stricte. Mais elle sort de plus en plus, étourdie par le temps qui passe (elle a 34 ans) et le mari qui ne se présente pas. Elle boit toujours trop, se réveille tard, irascible. Crie pour un rien. Avale des somnifères pour dormir et des vitamines pour se revigorer.

Puis le week-end arrive, Jack Bouvier entre en scène. Et la fête commence ! Black Jack tire un à un ses feux d'artifice : promenades à cheval dans le parc, déjeuners dans des restaurants chics et chers, patin à glace au Rockefeller Center, théâtre avec visite des coulisses, cinéma et chahuts dans son appartement qu'il livre à ses filles sans leur demander ni de ranger, ni de se coucher à l'heure. Il les couvre de cadeaux, et à peine ont-elles formulé un souhait que papa l'exauce d'un coup de baguette.

Jack Bouvier est enchanté d'avoir ses deux petites filles à sa dévotion. C'est si facile de séduire des enfants ! Il se sent à l'aise avec elles, bien plus que dans le monde des grands, où les pauvres combines qu'il imagine pour gagner de l'argent prennent l'eau. Le samedi et le dimanche, il n'a plus besoin de faire semblant : il peut retomber dans l'enfance dont il n'est jamais sorti. Il s'amuse comme ses filles. Plus rien n'a d'importance. Il sait bien qu'il a depuis longtemps entamé son capital et que sa fortune fond au soleil de ses esbroufes. Mais, pour le moment, il refuse d'y penser. Il doit d'abord arracher ses enfants à l'emprise de son ex-femme.

Jack Bouvier marque ses filles de son sceau pour que personne, jamais, ne les lui reprenne. Cet homme, qui a tout raté, veut réussir sa dernière aventure et faire de

Jackie et Lee ses deux créatures. Il invente une pièce de théâtre pour elles et les met en scène, chaque week-end. Stephen Birmingham raconte les mille et une stratégies de ce séducteur patenté pour éblouir ses deux petites filles, seules femmes devant lesquelles il ne fuit pas.

Il connaît les règles du charme et de la distinction. Il aime les riches vêtements, les tenues élégantes. Il leur enseigne qu'il ne suffit pas d'acheter de somptueuses robes, il faut encore savoir les rendre uniques, leur ajouter ce je-ne-sais-quoi qui les rendra inoubliables. Il les emmène devant les belles vitrines de la Cinquième Avenue et leur explique ce qui est chic et ce qui ne l'est pas. Il disserte sur un nœud, une ceinture, une coupe de manche, un boutonnage. Puis il les inspecte des pieds à la tête et déclare que leur mère n'a vraiment aucun goût. Mais il va arranger ça. Ce sont ensuite de folles équipées dans les magasins où Jackie et Lee écoutent, fascinées, les théories de leur père, le regardent décrocher des ensembles, des robes, les leur faire essayer, y ajouter un tout petit détail, un jupon, une échancrure, une broche, pour ensuite enlever l'achat qui les rend si belles, si différentes, le coucher dans du papier de soie, dans de grandes boîtes en carton gris et or.

Mais, enchaîne-t-il aussitôt, ce n'est pas tout d'avoir de belles robes, il faut en être dignes. Développer un style à soi. Une manière d'être qui rende les hommes fous et les autres femmes tristement banales. Et pour cela, ajoute-t-il, sûr de lui, en vieux routier de la séduction, soyez hautaines et froides. Inaccessibles. Parez-

vous d'un sourire énigmatique, mystérieux. Le mystère
affole les hommes, les précipite à vos pieds. Je le sais,
moi, murmure-t-il, enjôleur. Faites-moi confiance...
Elles lui font plus que confiance : elles l'idolâtrent et il
se repaît de cet amour infini qu'il lit dans leurs yeux.
Il y cherche la confirmation que son rêve prend forme,
que Jackie et Lee n'écoutent plus que lui, remettent
leur sort de demain, d'après-demain entre ses mains.
Lui livrent d'avance tous leurs amants, leurs fiancés et
leurs maris.
Alors, rassuré, enivré, il reprend son prêche. Plus tard,
quand vous serez grandes et que vous sortirez, il arrivera que, dans une soirée, vous repériez un homme.
Un homme qui vous paraîtra le plus charmant, le plus
séduisant, bref, qui vous plaira infiniment. Alors, surtout, surtout, ne lui laissez pas deviner votre trouble,
ne vous jetez pas à son cou ; au contraire, ignorez-le.
Passez à côté de lui suffisamment près pour qu'il vous
remarque, qu'il vous détaille, mais dépassez-le sans
même le regarder. Intriguez-le. Étonnez-le mais ne
vous approchez pas de trop près. Et ne vous abandon-
nez pas. Même par la suite, s'il vous invite et que vous
lui accordez l'immense privilège de vous accompagner
un soir, maintenez-le à distance. Ne lui faites pas de
confidences. Restez mystérieuses, lointaines, qu'il n'ait
jamais l'impression de vous connaître, de vous posséder. Un homme rassasié est un homme qui s'enfuit
déjà.
Par exemple, poursuit-il, porté par l'admiration muette
des deux petites filles, savez-vous comment on entre
dans une pièce remplie d'invités ? Non, non, font Jackie

et Lee en secouant la tête, trop subjuguées pour pouvoir articuler un mot. Eh bien, reprend-il dans un souffle, il faut entrer en souriant, un large sourire automatique qui ne livre rien de votre âme, le menton levé, le regard droit devant, en ignorant toute l'assemblée comme si vous étiez seule au monde. Dédaignez les autres femmes, ne vous demandez pas si elles sont plus belles ou mieux habillées que vous. Répétez-vous que vous êtes la plus séduisante, tout en gardant votre air mystérieux, inaccessible, et alors...

Et alors? demandent Jackie et Lee dans un murmure.

Et alors tous les hommes n'auront d'yeux que pour vous et formeront un éventail autour de vous, comme autour de Scarlett O'Hara dans *Autant en emporte le vent.*

Jackie connaît Scarlett. Elle a lu et relu le roman de Margaret Mitchell. Elle rêve de miss O'Hara. D'ailleurs, son père ne ressemble-t-il pas étrangement à Rhett Butler? Ne lui demande-t-on pas des autographes dans la rue en le prenant pour Clark Gable?

Et voilà que son père dépose à ses pieds le mode d'emploi pour égaler la séduction de son héroïne préférée. Voilà qu'il communie avec elle dans la même ferveur.

Puis, pour vérifier que la leçon a été bien comprise, il demande à Lee et à Jackie de l'illustrer, sur-le-champ.

Jackie est la plus douée. Elle se lève et prend un air de belle indifférente, fait briller ses yeux, son sourire, module une voix de petite fille perdue. Avec une grâce, une assurance qui remplissent Jack Bouvier de joie, de fierté. « Ma fille, ma beauté, mon plus que tout, tu es une reine... », dit-il en s'abîmant dans une révérence de prince du sang.

On croirait assister, deux siècles plus tard, aux leçons raffinées et cruelles que donne l'habile Valmont à la petite Cécile Volanges. Mais n'oubliez pas : Jack Bouvier a des ancêtres français et, si ses armoiries sont fabriquées, un sang libertin coule dans ses veines. Il n'est pas loin du séduisant Valmont et lui aussi mourra de la perte de son seul amour : sa petite fille, Jacqueline.

Chaque week-end, Black Jack ajoute une petite touche ou un exercice pratique à son enseignement. Ils sont invités un dimanche à une réunion familiale ? Il fait répondre qu'il ne sait pas si ses filles et lui-même pourront se libérer ce jour-là. Ils sont si occupés ! Ils reçoivent tant d'invitations ! Puis, le jour dit, avec un retard calculé, marque suprême de distinction, ils font tous les trois leur entrée dans le petit cercle familial qui ne les attendait plus et applaudit à leur arrivée, les remercie d'être venus et s'agglutine autour d'eux. Jackie jette un regard émerveillé sur son père : il avait raison. Et cette découverte est comme le cadeau enchanté d'un Sésame qu'elle exercera avec un talent de plus en plus proche de la virtuosité. L'élève dépassera un jour son maître, mais il ne sera plus là pour assister au couronnement de sa fille.

C'est ainsi que la petite Jackie apprit à être double, parfaitement double. A toujours se montrer impassible et royale en société, même si elle était transie de peur ou de timidité. Le menton haut, souriante, droite, il lui suffisait de se rappeler les leçons de son père pour qu'on ne voie plus qu'elle et que le trac horrible qui l'envahissait, une minute auparavant, s'évanouisse. C'est ainsi qu'elle perd peu à peu contact avec son vrai moi. Elle enfouit sa vérité, bien plus violente et compliquée. Elle ne ressemble pas à son apparence. Elle n'en a ni l'assurance ni l'indifférence. Elle emprunte la démarche d'un double qui lui est étranger, pratique parfois, mais qui l'empêche de se développer. Lorsque la vraie Jackie fait irruption, elle en est la première décontenancée. Elle ne comprend pas et chancelle au bord du gouffre, saisie de vertige, paniquée. Qui est-ce, celle-là ? D'où vient-elle ?

Hélas ! Le dimanche soir, il faut rentrer. Abandonner le monde enchanté de Jack Bouvier pour retrouver celui, plus terne et terre à terre, de Janet Lee. Janet qui, évidemment, ne décolère pas devant les cadeaux magnifiques que rapportent Jackie et Lee, les regarde se pavaner dans leurs habits de fête et doit subir le récit détaillé de ces deux jours merveilleux passés en compagnie de papa. Papa, lui, dit que... Papa, lui, trouve que... Chez papa, c'est formidable parce que... Avec papa, on peut faire ça...

Et quand elle les envoie se coucher, à huit heures précises, elle ne reçoit qu'un baiser protocolaire et sec, rempli de regrets, car le merveilleux week-end est déjà fini.

Comme tout enfant de divorcés, Jackie a vite compris qu'elle pouvait adoucir le règlement tatillon imposé par sa mère en vantant les mérites de la vie chez son père. Janet, furieuse, tient bon. Mais il lui arrive de céder, impuissante. Elle n'a pas assez d'argent ni de panache pour rivaliser avec son ex-mari. Elle s'incline en enrageant, en se promettant de prendre sa revanche. Elle passe sa colère sur ses filles. Particulièrement sur Jackie. Elle les frappe à coups de cintre ou de brosse à cheveux et recommande à leur gouvernante de leur donner une fessée chaque fois qu'elles mentionnent le nom de leur père. Si Jack Bouvier apprend à ses filles à être spéciales, uniques, à se faire remarquer, et surtout, surtout, à ne ressembler à personne, Janet rêve exactement du contraire. Elle déteste quand Jackie la prend de haut, la détaille en faisant la moue et trouve la vie de sa mère petite et étriquée. Elle tremble à l'idée qu'elle va perdre toute influence sur sa progéniture. Elle en veut de plus en plus à son ex-mari et se promet chaque dimanche soir de mettre un terme à son règne. En attendant, elle ronge son frein et endure les multiples réflexions que lui infligent ses deux adorables filles, qui entendent bien tirer parti de la situation.

Il faudra attendre deux ans, jusqu'en 1942, avant que le destin ne sourie enfin à Janet Lee, ex-Bouvier. En la personne de Hugh Dudley Auchincloss, qu'elle rencontre chez une amie et qui la demande en mariage. D'origine écossaise, Hugh Auchincloss est une personnalité en vue du Tout-Washington. Très fortuné, il a fondé sa propre banque d'affaires. Il possède des bateaux, des maisons, des chevaux, des tableaux, des serres, des Rolls Royce, des comptes en banque multispires. Il appartient aux clubs les plus fermés, il est invité à toutes les fêtes de Washington. Surtout il a l'air sérieux, bon, attentionné, bien élevé : toutes qualités qu'apprécie Janet. Bien sûr, il est un peu lourdaud, un peu ennuyeux, raconte sans arrêt les mêmes histoires pas drôles du tout. Un peu distrait, parfois : il lui arrive de plonger tout habillé dans la piscine. Il est aussi, sang écossais oblige, très pingre et montre une imagination sans pareille dès qu'il s'agit de faire des économies. En hiver, il interdit l'emploi des réfrigérateurs et autres congélateurs et recommande d'entreposer les denrées périssables à l'extérieur. Quand le temps se radoucit, il faut précipitamment tout rentrer et rebrancher les appareils...

Son seul vice réel est bien caché : c'est un collectionneur pornographe. Il possède toute une bibliothèque de livres, films, illustrations, diapositives sur les mille perversions sexuelles humaines. Il hante les magasins spécialisés à la recherche de documents rares et dépense des fortunes pour acquérir le cliché ou l'ouvrage qui manque à sa collection. Il lui arrive aussi de fréquenter les bordels de luxe. Mais c'est un homme très organisé, qui vit ses fantasmes d'un côté et sa vie familiale de l'autre, sans que jamais les deux n'interfèrent. Janet, de toute façon, ne veut rien savoir des éventuels défauts de son nouveau prétendant. Cet homme placide a déjà divorcé deux fois, est père de trois enfants, mais cela ne la dérange pas. Avec Jack Bouvier, elle a connu, du moins le pense-t-elle sincèrement, le pire. Elle est éblouie et n'en revient pas qu'il ait jeté les yeux sur une divorcée de 36 ans, lestée de deux enfants.

Autre avantage, il habite Washington. Ainsi, non seulement elle fait son bonheur, mais, en plus, elle éloigne ses filles de New York et de Jack Bouvier. Janet prend sa revanche sans en avoir l'air.

Pour Black Jack, ce remariage est une insulte personnelle, une vengeance mal déguisée : on lui enlève pure-
ment et simplement ses deux filles. Elles vont s'installer
à Washington et il va perdre tout contrôle sur leurs vies.
Il n'a pas tort. Au début, Jackie et Lee voient venir
ce beau-père d'un œil méfiant. Mais elles vont très
vite l'adopter. Il va devenir oncle Hughie, un gros nou-
nours que son train de vie rend très sympathique.
Les deux petites filles ont compris où était leur intérêt. Oncle Hughie possède deux superbes propriétés :
Merrywood, à Washington, et Hammersmith Farm,
à Newport. Merrywood est située au milieu d'un parc
de vingt-trois hectares traversé par le Potomac, et
comporte une piscine olympique, un court de bad-
minton, deux écuries, des allées cavalières, un garage
pour quatre voitures ; la maison elle-même comprend
huit chambres à coucher et huit salles de bains, une
immense cuisine, et des appartements pour les nombreux domestiques. Hammersmith Farm est encore
plus grandiose : vingt-huit pièces, treize cheminées, un
ascenseur intérieur. D'un côté, la mer ; de l'autre, des
pelouses anglaises à perte de vue. Et bien sûr, des
chevaux, des domestiques et des Rolls pour accommo-
der le tout. Hammersmith Farm, c'est la maison de
vacances. Merrywood, la résidence principale. Dans
chacune, Jackie s'est choisi une chambre somptueuse,
un peu à l'écart, qu'elle décrit dans les longues lettres
qu'elle adresse à son père. C'est maintenant une adolescente de 13 ans qui apprécie le raffinement de sa
nouvelle vie. Elle a découvert le latin, matière dont
elle est tombée « amoureuse », et s'absorbe dans des

versions et des thèmes. Elle a découvert aussi les enfants d'oncle Hughie avec qui elle s'entend très bien. Elle a enfin l'impression de faire partie d'une famille, et, qui plus est, d'une famille harmonieuse. C'est nouveau pour elle et cela la rassure.

Black Jack écume chaque fois qu'il reçoit une lettre de Jackie. Il jure à haute voix contre son ex-femme, enchaîne les Martini, pique des colères, reste enfermé chez lui en caleçon et chaussettes, en maugréant contre le sort. Devient amer, méchant, et noie sa hargne dans toujours plus d'alcool. Il ne supporte pas que sa fille soit heureuse sans lui.

Ne pouvant étrangler Janet, il s'en prend au monde entier : aux Juifs, aux Irlandais, aux Italiens, aux Français. Tout cela se passe pendant la Seconde Guerre mondiale... Mais dans l'univers de Jack Bouvier, comme dans celui de Janet Auchincloss, la guerre est une péripétie qui se déroule dans un lointain théâtre et ne doit surtout pas déranger leurs vies !

Et Jackie, apparemment, est heureuse. Elle est toujours aussi réservée, solitaire, imprévisible. Elle passe des heures seule dans sa chambre à écrire des poèmes, à dessiner et à lire. Ou monte à cheval dans la campagne. Elle a hérité de la jument de sa mère, Danseuse, et part dans d'interminables promenades où elle galope, saute des haies, poursuit les renards, et rumine ses pensées.

Sa mère se montre toujours tatillonne et autoritaire, profitant de l'éloignement de Black Jack pour reprendre ses filles en main, imposer son ordre et ses idées. Cependant, elle est trop occupée pour être tout le temps présente. D'abord, il y a son mari envers lequel elle entend bien se montrer une épouse parfaite ; ensuite les deux propriétés qu'elle s'est mis en tête de redécorer pour en faire le cadre de vie d'une femme de la haute société. Cette tâche absorbe une grande partie de son temps. Elle arpente les pièces avec une décoratrice, passe des heures à chercher des tissus, des meubles, des lampes, des bibelots, obsédée par le moindre détail. Tout doit être parfait. Et d'un goût exquis. Ainsi, à Hammersmith Farm, une domestique est engagée à seule fin de vider les corbeilles à papier, qui ne doivent jamais déborder.

Jackie ne peut s'empêcher de comparer le luxe et le calme de sa nouvelle vie avec les excès de son père. L'été précédent, Black Jack lui a imposé la présence d'une de ses maîtresses avec laquelle il s'est affiché ouvertement, l'embrassant en public, se vautrant sur elle, faisant l'amour dans les endroits les plus saugrenus. Dans la maison qu'il a louée, ils partagent la même chambre. C'est la « créature » qui prépare les repas des deux petites filles. La « créature » encore qui monte devant dans la voiture. La « créature » qui les accompagne chaque fois qu'ils sont invités dans une soirée ou une excursion. La conduite de son père a mis Jackie atrocement mal à l'aise. Pétrifiée, elle n'a rien osé dire. Mais le comportement de ce père qu'elle adore, avec lequel elle se réjouissait de passer tout un mois, l'a affreusement blessée. Elle ne comprend pas. Elle se contente de détourner les yeux et refoule sa honte et ses larmes quand les adolescents de son âge lui demandent qui est cette dame. Pour la première fois de sa vie, elle a hâte de retourner dans l'univers aseptisé de sa mère. Ce sont des scènes auxquelles elle ne risque pas d'assister chez Janet et oncle Hughie.

En 1944, à 15 ans, Jackie est envoyée en pension à Farmington, une école très chic pour jeunes filles bien nées. Les professeurs y sont excellents, la discipline sévère et l'atmosphère étouffante. Toutes les élèves viennent de familles très riches et Jackie souffre de ne pas avoir autant d'argent qu'elles. En effet, son père ne lui envoie que cinquante dollars par mois et sa mère la limite à un budget très serré qu'oncle Hughie surveille de près. Toutes ces jeunes filles trouvent normal d'avoir leur cheval à l'école. Mais ni les parents de Jackie ni oncle Hughie n'acceptent de payer la pension de Danseuse. Jackie décide alors de faire du charme à son grand-père en lui envoyant croquis, poèmes et demandes de subventions. Le grand-père obtempère, et Jackie fait venir sa jument. Mais il lui manque une couverture pour son cheval. Dans une lettre à sa mère, elle mentionne négligemment qu'elle a été obligée d'en voler une, n'ayant pas assez d'argent pour l'acheter. Janet, horrifiée, envoie de l'argent par retour du courrier.

Jackie a donc appris. Appris à obtenir ce qu'elle veut par tous les moyens. Appris à se servir des autres. A tricher, à faire semblant, à tirer les ficelles. Cela ne lui est pas très difficile, depuis le temps qu'elle est elle-même manipulée par son père et sa mère.

Elle n'est pas la fille la plus populaire de l'école. Loin de là ! On l'a même surnommée Jacqueline Borgia tant elle peut se montrer dédaigneuse, autoritaire, froide. Ce n'est pas le genre de fille à qui l'on peut taper sur l'épaule ou emprunter un pull. Mais il lui arrive de surprendre tout le monde par ses crises de rébellion et d'anticonformisme. Elle fait alors carrément le clown. Ou bien, elle transgresse les règlements de l'école : elle fume dans sa chambre, se maquille à outrance, se confectionne des coiffures extravagantes, renverse une tarte au chocolat sur les genoux d'un professeur qu'elle ne supporte pas, prend des poses lascives et provocantes devant l'objectif d'une camarade. Puis tout rentre dans l'ordre parfait du collège. Ses professeurs ne comprennent pas et s'étonnent : comment une élève si brillante peut-elle tout d'un coup se montrer si gamine, si lamentablement gamine ? Et pourquoi s'obstine-t-elle à garder cette voix de petite fille ? C'est déconcertant et irritant. Il serait temps que Jacqueline grandisse.

Fidèle à ses habitudes, Jackie est seule. Elle n'a aucune amie intime et s'intéresse exclusivement à ses cours, ses livres et son cheval. C'est quand même à Farmington qu'elle s'approchera au plus près d'une amitié en partageant la chambre de Nancy Tuckerman, avec qui elle restera liée toute sa vie. Mais si Nancy est admise dans l'intimité de Jackie, elle comprend très vite qu'il s'agit d'un privilège et s'attribue d'emblée l'emploi de suivante. Elle n'essaiera jamais de jouer un rôle de premier plan. Celui-ci revient tout naturellement à Jackie.

C'est dans cette école snob et prétentieuse que Jackie va faire ses gammes et s'imposer. C'est la première fois qu'elle vit en communauté et qu'elle peut mettre en pratique les principes de son père. Elle commence à façonner ce qui sera son style. Elle n'est pas la plus belle : ses mâchoires sont trop carrées, ses cheveux trop frisés, ses yeux trop écartés, ses bras couverts d'un duvet sombre, sa poitrine est trop plate, sa peau parsemée de grains de beauté. Mais elle *est*... Elle se pose et en impose. Les professeurs parlent de son intelligence, de sa grande culture, de son avidité à apprendre, de son intérêt pour tout ce qui est artistique et d'avant-garde. Elle entend tout cela mais n'en fait jamais étalage. Comme si cela allait de soi. De la distance, toujours de la distance ! Elle prend la vie avec tant de détachement qu'elle en devient royale. Certains la trouvent prétentieuse, d'autres fascinante. Tous, ils sont intimidés.

Elle se comporte de manière identique avec ses parents. Elle ne leur rend pas visite aussi souvent qu'elle le pourrait. Répond à leurs lettres par de petits mots griffonnés à la hâte. Et quand Black Jack se plaint, elle lui répond qu'elle a autre chose à faire : des révisions, des examens, des cours à préparer, des pièces de théâtre à répéter (elle s'est inscrite aux cours de l'école), un article à écrire pour le journal des élèves. Il hurle, menace de lui couper les vivres. Elle lui tient tête. Il crie qu'il ne la reconnaît plus, qu'on l'a changée, que c'est encore un coup de sa mère et de ce fichu Auchincloss. Elle ne cède pas. C'est elle, maintenant, qui décide qui elle voit, comment elle s'habille, ce qu'elle fait de son temps. Finie l'époque où ses parents se l'arrachaient et la modelaient selon leur bon plaisir, chacun leur tour. Et si l'on essaie de la forcer, elle peut devenir violente, agressive. Elle défend son espace de liberté, d'indépendance. Elle ne supporte aucun ordre, aucune intrusion dans sa vie personnelle. Cela ne veut pas dire qu'elle n'aime plus son père. Mais elle ne veut plus appartenir à personne.

Elle n'est pas du tout sentimentale, par exemple. Les garçons ne l'intéressent pas. Elle les trouve « boutonneux, maladroits et ennuyeux ». Programmés comme si toute leur vie était déjà tracée. Quel ennui ce serait de devenir la femme de l'un d'entre eux ! soupire-t-elle. Contrairement aux filles de son âge, l'amour n'est pas un sujet qui la passionne, et elle s'imagine très bien vivant toute une vie « sans amour et sans mari ». Comme une vieille fille ! se récrie, horrifiée, Nancy qui assiste à la pavane de son amie. Et pourquoi pas ? répond Jackie, les hommes ne sont pas tout dans la vie...

Elle a beau s'en défendre, le seul homme qui reste un modèle pour elle, celui dont elle espère la visite chaque samedi, c'est Black Jack. Et quand il arrive enfin, quand elle aperçoit sa haute silhouette, sa démarche triomphante et désinvolte, dans l'allée bordée de vieilles maisons et de grands chênes qui mène à l'école, chaque fois, le vieux charme opère à nouveau et son cœur se met à battre. Comme elle ne sait jamais à l'avance dans quel état il va être, elle se retient. Elle a appris à se maîtriser. Elle ne se jette plus à son cou, elle ne le dévore plus des yeux. Elle l'observe et se rassure quand il est sobre et en forme. Elle ne s'emballe plus à ses mots d'amour. Elle se méfie trop. Elle lui envoie des piques, lui conseille de se faire soigner. Elle laisse l'enthousiasme à ses amies qui, elles, débordent d'affection pour Black Jack et se pâment au moindre compliment qu'il leur adresse. Il les charme, les envoûte, fait le pitre, joue les Don Juan, mais c'est sa fille qu'il veut séduire avant tout. Jackie, émue et amusée, le regarde dans son vieux numéro de Black Jack. Sa réserve fond et elle se laisse aller.

Jack Bouvier est de toutes les fêtes et répond toujours présent quand il s'agit d'applaudir sa fille. Il s'abonne au journal de l'école dont elle est rédactrice, assiste aux représentations de théâtre où elle fait l'actrice, et constate fièrement que ses leçons ont porté : Jackie sait marcher, bouger en scène et fait preuve d'une assurance qu'elle n'a pas toujours dans la vie. C'est une excellente comédienne.

Ce sont des après-midi enchantés pour Jack Bouvier qui vérifie, presque incrédule, qu'il exerce toujours le même ascendant sur sa fille. Pour Jackie, ce sont des après-midi à la fois magiques et angoissants. Lorsqu'il repart, elle ne sait plus qui elle est : la Jackie, aventurière et spéciale, que veut son père, ou la petite jeune fille bien élevée formée dans le corset étroit de l'éducation de sa mère et de Farmington ? C'est toujours après les visites de Black Jack qu'elle fait les quatre cents coups et scandalise ses professeurs.

A la fin de ses études, Jack Bouvier lira avec délices la légende écrite de la main de sa fille sous sa photo de classe : « Jacqueline Bouvier, 18 ans : volonté de réussir dans la vie et refus d'être une femme au foyer. »

Il se frottera les mains : Janet Auchincloss a perdu la partie. Sa fille ne sera jamais une femme ordinaire avec des aspirations ordinaires menant une vie ordinaire entourée de gens ordinaires. Le vieux sang flamboyant des Bouvier a eu raison du sang gagne-petit des Lee. Ses « Tu seras une reine, ma fille » ont fini par vaincre les aspirations si conformistes de son ex-femme.

III

Jack Bouvier s'est félicité un peu trop vite.
La même année, en 1947, Jackie demande à sa mère
de lui organiser son entrée dans le monde. Janet Auchincloss, enchantée, s'exécute. Bien que Jackie se moque
éperdument des conventions et des robes de bal, elle
tient cependant à faire comme toutes les jeunes filles
« normales » de bonne famille. Et c'est dans une ravissante robe de tulle blanche, avec décolleté bateau et
jupe bouffante, qu'elle ouvre son premier bal. Elle est
éblouissante. Et toujours si étrangement différente
des autres beautés de la soirée. On la regarde, on se
demande quel est ce petit je-ne-sais-quoi qui la rend si
particulière, si brillante. Est-ce du charme, du cha-
risme, un style? Les mères s'inquiètent, les pères se
redressent, leurs fils frétillent et leurs filles boudent.
Jac-line, elle, virevolte, brille et pétille. Elle possède
maintenant un humour ravageur et ne se prive pas
de faire des remarques drôles et assassines. Quand on
la complimente sur sa robe si ravissante, si originale,
elle répond, amusée : « 59 dollars aux Puces de New

York », et les mères qui se sont ruinées chez Dior ou Givenchy pour parer leur progéniture se regardent, indignées.

Jackie n'en a cure. Elle a repéré cette robe parce qu'elle n'avait pas les moyens de se faire habiller chez un grand couturier ; le décolleté bateau cache le manque d'imagination de sa poitrine et la jupe bouffante donne de la rondeur à son corps de garçon manqué. Jackie se fiche de la mode. Elle court dans la campagne, grimpe aux arbres, s'égratigne les genoux, porte toujours le même short. Elle sait à la perfection être double : sportive et raffinée, garçon manqué et élégante, star et secrète, sûre d'elle et timide, drôle et réservée. Comme s'il lui manquait un fil secret pour que tous ces extrêmes se rejoignent et fassent une personnalité.

Sa première soirée est une réussite totale. Elle est couronnée « débutante de l'année » par le chroniqueur mondain Igor Cassini, qui écrit : « C'est une brune magnifique qui a les traits classiques et délicats d'une porcelaine de Saxe. Elle a de l'aisance, une voix douce et de l'intelligence, ce que toute première débutante devrait avoir. Elle a des origines rigoureusement Old Guard... Pour l'instant, elle étudie à Vassar. »

Vassar, l'université la plus prestigieuse de la côte Est, exclusivement réservée aux jeunes filles. Elle y arrive, couronnée de son titre de débutante de l'année. Or ce qu'elle avait pris pour un jeu se met à lui peser. Les filles la jalousent. Les garçons la courtisent. Les chroniqueurs mondains l'assaillent, demandent des photos, des interviews. Jackie refuse, se retire dans sa chambre, dans ses livres mais demeure quand même une célébrité sur le campus. Ce qui la contrarie beaucoup. Car si elle a apprécié d'être couronnée, elle ne veut pas changer quoi que ce soit à son style de vie. Elle entend garder la même réserve, le même anonymat, la même liberté de faire absolument ce qu'il lui plaît. Elle veut bien qu'on la dévore des yeux un soir, ça l'amuse, ça la flatte, mais à condition de pouvoir disparaître ensuite dans son petit trou de souris. Être en vue constamment ne l'arrange pas du tout.

Être star ou ne pas l'être. Cette ambiguïté va poursuivre Jackie toute sa vie. Elle fait tout pour être regardée, remarquée, appréciée. Quand elle entre dans une pièce, on ne voit qu'elle. Elle le sait. Dans ses «moments paillettes», elle ne doute de rien, elle s'aime enfin, le regard des autres la rassure. Et puis, brusquement, c'est la panique, elle n'a envie que d'une chose : que les douze coups de minuit retentissent, qu'elle retrouve ses haillons et sa citrouille et puisse s'enfuir le plus loin possible. Elle passera sa vie sur scène en rêvant d'être machiniste.

A Vassar, elle adopte un air de modestie de bon ton et tente de se faire oublier. Elle étouffe dans le carcan snob et coincé de l'université. Elle se réfugie dans les études et la littérature française. Les garçons s'agglutinent autour d'elle, mais pas un ne franchit le seuil de son intimité. « Quand on la raccompagnait, se souvient l'un de ses amis, elle disait au chauffeur de taxi : "N'arrêtez pas votre compteur, s'il vous plaît." On savait alors qu'on ne dépasserait pas la porte d'entrée. Encore heureux si on recevait un baiser sur la joue. » La sexualité est sûrement quelque chose qui effraie Jackie. Non qu'elle n'aime pas les hommes, mais elle a trop peur de s'abandonner. De devenir un objet. D'être dépendante du plaisir que lui donne un homme. Elle veut tout contrôler pour ne jamais souffrir. Les livres, les études sont moins dangereux. Elle sait qu'elle est intelligente et qu'elle domine son sujet. Elle rêve, d'ailleurs, d'être une nouvelle Mme Récamier ou Mme de Maintenon, d'avoir un salon où elle recevrait aussi bien des prix Nobel que des champions de natation. Tout l'intéresse. Quand elle écoute quelqu'un, elle a l'air si fasciné que le récitant se croit irrésistible. C'est alors qu'il étend une main, qu'il tente un baiser, et que... la belle s'envole. « Avec Jackie, on ne parvenait jamais à ses fins », se souvient l'un de ses chevaliers servants. Elle n'appartient à personne, à aucune bande, à aucun club. Elle butine. Elle se récite des vers de Baudelaire à haute voix, va danser le fox-trot au Plaza à New York, passe en coup de vent voir son père qui ronchonne de plus en plus et se plaint de ce qu'il ne la voie plus. Il lui donne même des conseils vertueux sur la manière dont une jeune fille doit se comporter avec les garçons. Jackie éclate de rire et lui rafraîchit la mémoire. Mais Black Jack tient dur comme fer à sa théorie : ne te donne jamais à un homme, sinon il te méprisera. Il voudrait que sa fille reste une vierge éternelle, que tout le monde adule mais que personne ne touche. Il préfère qu'elle se consacre à ses études. Justement, lui rétorque Jackie, mes études vont très bien, je suis au tableau d'honneur de Vassar et j'ai obtenu les meilleures notes dans les deux matières les plus ardues. Je peux te réciter *Antoine et Cléopâtre* de Shakespeare par cœur.

Jack Bouvier revient à la charge. Ce dont il rêve, c'est que Jackie s'installe à New York, près de lui, qu'elle se consacre à lui. Mais sa fille est un courant d'air et personne ne peut l'immobiliser.

Quand Jackie lui propose de refaire son appartement, il s'emporte. Elle lui rappelle sa mère avec sa manie de tout décorer. Sa vieille haine le reprend et Jackie perd ses moyens. Elle a de nouveau 7 ans et écoute ses parents se disputer dans leur chambre, la nuit. Alors elle devient violente elle aussi, hurle, trépigne, et ses visites se terminent sur une porte qui claque. Elle ne supporte plus l'amour exclusif de son père, sa mainmise sur elle. Qu'il la laisse tranquille ! Elle n'a besoin de personne. Elle veut être seule, seule, seule ! Après leurs disputes, elle pleure comme une enfant. Cet amour trop violent la déchire mais elle ne peut pas s'en passer.

Elle voit sa mère régulièrement, à Merrywood, où Janet Auchincloss continue de vivre son rêve de parvenue, sans se lasser de la petitesse de ses ambitions. Ce qui se passe dans le monde ne l'intéresse pas. C'est à peine si elle sait qu'il y a eu une guerre quelque part en Europe. Ou si elle le sait, c'est parce qu'elle l'a entendu dire. Ou que cela l'a dérangée à un moment ou à un autre. Sinon, elle continue inlassablement à décorer ses maisons, à organiser des thés, des réceptions, avec les mêmes gens si distingués, si comme il faut que Jackie en bâille d'ennui. Mais il y a oncle Hughie, qui est toujours bon et doux, et ses demi-frères et sœurs qu'elle aime beaucoup.

En juillet 1948, à 19 ans, Jackie s'embarque pour l'Europe avec des amies et un chaperon. Sept semaines de voyage harassant. Comme il est de coutume chez les Américains, on « fait l'Europe » comme on feuillette un catalogue : Londres, Paris, Zurich, Lucerne, Interlaken, Milan, Venise, Vérone et Rome, avant de regagner Paris et Le Havre. Elle traverse les musées et les paysages au pas de charge. A Londres, elle fait la queue, lors d'une garden-party à Buckingham Palace, pour serrer la main de Winston Churchill, qu'elle admire. Elle l'admire tant qu'elle se place dans la queue une seconde fois pour lui serrer la main à nouveau.

Jackie quitte l'Europe épuisée mais ravie. Elle se promet d'y revenir pour y passer plus de temps. L'occasion va se présenter très vite. A peine rentrée à Vassar, elle apprend qu'elle a l'opportunité de faire sa deuxième année d'études à l'étranger. Elle choisit la Sorbonne et Paris, pose sa candidature et attend.

Est-ce la France qui l'attire ? Ou la perspective de fuir Vassar qu'elle déteste ? Ou encore l'envie de s'éloigner le plus possible de la tension familiale ? Black Jack enchaîne les cures de désintoxication sans jamais cesser de boire. Il est ruiné et pesant pour sa fille. Un jour qu'elle choisit de porter une robe avec un collier de perles plutôt que la chaîne en or qu'il lui a offerte, il explose, arrache le collier qui se répand sur le sol et crie jusqu'à ce que Jackie accepte de mettre sa chaîne.

Quant à sa mère, elle surveille ses fréquentations et vit dans l'attente du « beau parti » que Jackie ne va pas manquer d'épouser. Son monde est de plus en plus étriqué et obsessionnel. Elle dirige une armée de vingt-cinq domestiques et passe derrière eux pour vérifier que rien ne traîne, que tout brille, qu'aucune faute de goût n'est commise. Tout doit être rangé, aligné, impeccable. Les portes des placards fermées, les bouteilles à moitié pleines jetées, les torchons immaculés, les fleurs ouvertes et les coussins des canapés joufflus. Elle exige que le sol de sa cuisine « soit aussi brillant que celui d'une salle de bal ». Jackie suffoque dans l'univers de sa mère, et elles n'arrêtent pas de se disputer.

Comment faire accepter à ses parents l'idée qu'elle va partir un an en France? La tâche n'est pas aisée, mais Jackie est maligne. Pour sa mère, c'est facile; il lui suffit de faire miroiter le côté snob de son entreprise : Paris, la France, la Sorbonne... et l'affaire est enlevée. Pour Black Jack, elle va employer la tactique du pire. Elle commence par lui annoncer qu'elle ne supporte plus Vassar, qu'elle veut arrêter ses études et devenir mannequin. Jack Bouvier bondit de colère. Mannequin, sa fille? Pas question. Avec tout l'argent qu'il a englouti dans ses études! Tout le soin qu'il a mis à en faire une princesse hautaine et cultivée! Jackie le laisse fulminer un moment, puis suggère qu'elle pourrait peut-être abandonner cette idée et continuer ses études, mais... en France. Et son père d'accepter, soulagé.

D'après Jackie elle-même, cette année passée à Paris est la période la plus heureuse de sa vie. Elle commence par perfectionner son français lors d'un stage de six semaines à Grenoble, ville de son ancêtre quincaillier. Puis elle s'installe à Paris, dans une famille française, refusant d'aller vivre dans un foyer de jeunes filles américaines.

La comtesse Guyot de Renty, chez qui Jackie va habiter, occupe, avec ses deux filles, un grand appartement dans le 16e arrondissement et loue des chambres à des étudiantes. Tout de suite, Jackie se sent chez elle. D'abord, on l'appelle Jac-line. Ensuite elle s'entend très bien avec les Renty. Enfin, elle est totalement libre. Libre de faire ce qu'il lui plaît. De s'habiller comme elle veut, de rentrer à l'heure qu'elle veut, de voir qui elle veut. Personne n'est là pour lui siffler des remarques, la critiquer, exiger quoi que ce soit d'elle. Jac-line s'épanouit. Elle est, enfin, heureuse, gaie, insouciante.

Pourtant, la France de 1949 n'est pas une France prospère. Il y a encore des cartes d'alimentation pour le pain et la viande et, même si sa mère lui envoie des colis de sucre et de café, la profusion ne fait pas partie du quotidien. Il n'y a pas de chauffage central dans l'appartement, une seule salle de bains pour tout le monde, l'eau chaude est rare, le chauffe-eau trop vieux. Un jour, alors que Jacqueline prend son bain, il explose, brisant les vitres. Jackie ne se trouble pas.

Elle est si heureuse qu'elle se fait à tout. En hiver, elle travaille dans son lit, après avoir enfilé tous les pulls, châles, chaussettes qu'elle a emportés. Le matin, elle saute dans un pantalon, enfile un gros manteau et se rend à ses cours. Elle sillonne Paris à pied, en métro, visite inlassablement le Louvre, s'installe aux terrasses des cafés, assiste à des concerts, des opéras, des ballets. Elle profite et savoure. Elle parle à tout le monde, pose mille questions et ne se lasse pas d'apprendre. Elle a toujours cet air fasciné quand elle écoute qui transforme chaque interlocuteur en la personne la plus importante du monde. Elle a toujours aussi cette voix de petite fille qui étonne ou irrite. Elle séduit les hommes qui se disputent pour la sortir, l'emmener écouter du jazz, danser dans des boîtes de nuit. Elle hante le Flore, les Deux Magots ou la Coupole dans l'espoir d'apercevoir Sartre ou Camus. Et elle lit. Pendant des heures. Elle est toujours aussi mystérieuse et ne se laisse pas approcher facilement, même si elle est très facile à vivre. Aucun de ses chevaliers servants ne se vantera d'avoir été son amant. Et pourtant, elle est toujours accompagnée. Ce n'est pas qu'elle attende le Prince charmant, mais elle sait que le jour où elle sera prête, où cela vaudra vraiment le coup, elle s'abandonnera. Elle n'a pas peur des hommes. Au contraire, elle flirte avec eux, les enjôle, leur fait faire ce qu'elle veut. Pour le moment, elle n'a rencontré personne qu'elle juge assez important. Pour ne pas avoir l'air d'une oie blanche, elle évoque ses nombreux soupirants sans jamais citer de nom, ou parle avec détachement de « la chose ». Mais les gens avisés devinent qu'elle ment.

« Elle était secrète, pas superficielle mais difficile à cerner », se rappelle la comtesse de Renty. Très attirante mais toujours sur la défensive. Défense d'approcher de trop près...

A la fin de son année universitaire, elle part en voyage avec Claude de Renty, une des filles de la comtesse. Ensemble, elles explorent la France et parlent beaucoup. De tout, sauf des garçons. « Jacqueline là-dessus demeurait toujours vague. Elle était dotée d'une très grande force de caractère mais elle avait aussi ses faiblesses, qu'elle n'acceptait pas. Pas plus d'ailleurs que celles des autres. Si elle n'estimait pas ou n'admirait pas un homme, elle le laissait immédiatement tomber. » Si elle n'était pas à la hauteur des défis qu'elle se fixait, elle se vilipendait. Sa sévérité s'appliquait à tous, mais d'abord à elle-même.

De toute façon, elle préfère la compagnie des hommes âgés. Eux, au moins, ont quelque chose à raconter. Et puis, elle se sent en sécurité. C'est elle qui décide, et ils n'en reviennent pas qu'elle les ait élus comme chevalier servant.

L'année universitaire terminée, Jackie rentre aux États-Unis à regret. Elle aimerait bien rester mais... Elle n'a pas la détermination d'Edith Wharton qui, ayant choisi de rester à Paris, déclarait : « Je préférerais crever sur place de faim ou de froid que de réintégrer nos anciennes maisons bien chauffées, nos bains brûlants, que d'affronter ce vide qui, là-bas, règne partout, le vide des gens et des lieux. » Jackie pressent ce vide ; elle sait ce qui l'attend en Amérique, elle sait qu'elle vient de vivre une année exceptionnelle dans une ville et une vie faites pour elle. Elle se moque pas mal du manque de confort, du rationnement, du froid. A Paris, elle apprend tous les jours un petit quelque chose qui la stimule et l'entraîne dans un autre monde. Si elle avait eu un peu plus confiance en elle, en ses dons qu'elle devinait, elle aurait suivi l'exemple d'Edith Wharton.

Elle rentre, mais refuse de retourner à Vassar. Trop snob, trop étouffante, trop limitée. Elle s'inscrit à l'université de Washington pour préparer un diplôme de littérature française. Elle se présente à un concours organisé par *Vogue* pour devenir journaliste. Le premier prix : un an de stage, six mois à Paris, six mois à New York. Les candidats doivent écrire quatre articles sur la mode, un portrait, la maquette d'un numéro de journal et un essai sur les morts célèbres qu'ils auraient aimé connaître. Jackie décide de gagner ce concours. Elle comprend très vite que, si elle l'emporte, c'est la solution à tous ses problèmes. Le prestige du journal lui servira de passeport pour vivre la vie qu'elle aime. Elle arrachera sa liberté sans que personne n'y trouve à redire.

Pendant des semaines, elle va travailler comme une enragée. «Jackie était tellement décidée à gagner qu'elle suivit un cours de dactylo à l'université George-Washington, raconte David Heymann, et passa un temps considérable sur son essai. Elle choisit Serge Diaghilev, Charles Baudelaire et Oscar Wilde comme les personnes qu'elle aurait aimé connaître. Son acharnement se révéla payant. Elle gagna le concours devant mille deux cent quatre-vingts candidats de deux cent vingt-cinq universités accréditées.»

Jackie est radieuse. Elle a gagné ! Elle est arrivée la première ! Elle qui, au fond, ne se trouve jamais assez... Assez brillante, assez intelligente, assez cultivée. Le monde lui appartient : elle sera écrivain. Ou journaliste. Elle voyagera. Rencontrera des gens illustres qui lui apprendront tout ce qu'elle a envie de savoir. Elle écrira, sera lue, entendue, reconnue. Elle va pouvoir, enfin, être libre. Gagner sa vie. Ne plus dépendre ni de son père, ni de sa mère, ni de son beau-père. Six mois à Paris, une nouvelle occasion de vivre dans ce pays où elle se sent si bien, où elle s'est fait une famille, des amis. Elle est convoquée dans les bureaux de *Vogue* à New York, présentée à l'équipe du journal, prise en photo, félicitée.

Et pourtant elle va refuser ce prix. Alors que c'est son rêve qui se réalise, au prix d'efforts exigeants, elle renonce.

Si elle reconnaît le succès de sa fille, sa mère a très vite senti le danger. Poussée par le bon vieil oncle Hughie, qui ne trouve pas « correct » que sa belle-fille vole de ses propres ailes, elle fait vite machine arrière. Elle a compris que, si Jackie partait à nouveau en France, elle allait la perdre. On lui enlèverait sa petite fille. Ou plutôt sa petite fille risquait de se plaire dans une nouvelle vie où elle, Janet Auchincloss, n'aurait plus sa place, son influence. Jacqueline Bouvier, si elle acceptait les propositions de *Vogue*, allait connaître une vie originale, pleine de risques aussi, mais totalement étrangère au monde de sa mère. Une vie qui ressemblerait plutôt à celle des Bouvier... Black Jack, lui, a applaudi à tout rompre à ce projet. N'y voyant lui aussi que son intérêt : à Paris, puis à New York, Jackie s'éloigne des Auchincloss et se rapproche de lui.

Alors, Janet va tout faire pour que Jackie refuse. Elle commence par lui dire qu'une jeune fille de bonne famille n'accepte pas de bourse – c'est bon pour les pauvres et les modestes –, qu'elle n'a pas besoin de ce stage, qu'elle doit laisser sa place à des élèves moins fortunées, plus méritantes. Et puis, devenir journaliste à *Vogue* ! Quel emploi futile pour une ancienne élève de Vassar ! Vivre seule à Paris, à son âge ! Elle a fermé les yeux quand il s'agissait de faire des études, mais la situation est différente. Et Jackie se laisse manœuvrer. Elle qui ne respecte pas sa mère, trouve sa vie vide et vaine, se range à son avis. Sa volonté va plier devant celle de sa mère et le qu'en-dira-t-on.

Elle a peur. Pas de partir pour un pays étranger ou d'exercer un métier qu'elle ne connaît pas. Au contraire, elle adore relever les défis, se prouver qu'elle est une conquérante. Elle aime épater le monde, se sacrer elle-même grande amazone. Non, c'est une peur secrète, souterraine, qui paralyse Jackie à ce moment précis de son histoire : celle de faire comme Jack Bouvier, de mener une vie non conforme aux normes et de finir tragiquement. Jackie est alors confrontée à un choix terrible : suivre la voie de son père – la France, un métier de saltimbanque, la liberté, la rupture avec son milieu familial, une certaine provocation –, ou celle de sa mère – la sécurité, le conformisme, la norme sociale. Elle hésite, balance, puis, paniquée à l'idée de ressembler à son père, elle écoute sa mère et refuse la proposition de *Vogue*.

Elle a 22 ans, elle est majeure. Elle est libre de faire ce qu'elle veut, et elle obéit à sa mère. Cette décision marque un tournant dans la vie de Jackie. En renonçant, elle laissera passer sa chance. La chance d'exister « à son compte » et non comme la fille ou la femme d'un autre.

Jackie a peur de ne pas être comme tout le monde. Placée face à une alternative cruciale, elle choisit d'être conforme, elle qui aime tant être différente. Mais cette différence a un prix. Il ne s'agit plus d'intriguer en robe de bal, par sa distance calculée ou ses répliques piquantes. On ne parle plus de paraître mais d'être. Cette différence-là conditionne toute une vie. Il ne faut pas oublier ce qu'était l'Amérique des années cinquante : le conformisme et le puritanisme y régnaient sans contestation possible. Une jeune fille ne travaillait pas : elle se mariait avec un petit jeune homme bien propre, faisait des enfants et soignait son mal de vivre en courant les thés, les parties de tennis et les soirées. Hors le mariage, point de salut. Jackie risque d'être montrée du doigt par la bonne société de Washington. Elle sait qu'elle va alimenter les potins autour des tasses de thé. Vous savez ce qui arrive à la fille de Janet Auchincloss ? vont murmurer les dames empesées de Washington. Imaginez-vous qu'elle part travailler ! Jour-na-liste ! En Europe ! Vous vous rendez compte : une jeune fille si bien ! Qui aurait cru ça de la fille de Janet !

On va parler d'elle. La dépecer sur la place publique. Jackie ne le supporte pas. Non par vanité, ni par peur de l'échec, mais parce qu'elle se rappelle soudain la petite fille qu'on montrait du doigt à l'école, quand ses parents divorçaient et qu'on parlait d'eux dans les journaux... Elle se sent incapable d'affronter cet opprobre public une seconde fois. Cette vieille peur d'enfant revient la hanter et la paralyse. Alors, elle renonce. Elle renonce à ce qu'elle aimait le plus en elle pour faire plaisir à l'ordre de sa mère, à l'ordre de ceux qui finissent toujours par avoir raison.

Ce choix, Jackie va le payer toute sa vie. Elle sait que, par son manque d'audace, ce jour-là, elle a raté un rendez-vous important avec elle-même. Elle va s'en vouloir. N'oubliera jamais vraiment cette occasion ratée. Se la reprochera violemment. Elle se méprisera pour ne pas avoir eu le courage de tout envoyer promener, et cette violence envers elle-même la portera à des colères, des dépressions, des moments d'abattement où elle s'absentera de sa propre vie puisqu'elle ne l'aura pas choisie. Elle éprouve, sans pouvoir l'analyser sur le moment, l'impression d'avoir été « roulée » par une réalité qu'elle ne respecte pas, une réalité qui se moque de ses désirs, de ses besoins, de ses espoirs, mais devant laquelle elle s'est inclinée. Elle s'en veut à elle, elle en veut aux autres de ce vide qu'elle n'arrivera pas à combler.

Pendant les années qui suivent, Jackie semble, par moments, « hors » d'elle-même. Comme si tout ce qui lui arrivait ne la concernait pas vraiment. Elle agit en somnambule. Certains témoins évoqueront ce côté mécanique, vide, figé qu'ils seront étonnés de trouver parfois chez elle. C'est parce qu'elle vit la vie d'une autre, d'une autre Jackie qui n'est pas celle qu'elle a choisie. Puis elle se reprend et elle est de nouveau drôle, éclatante, vive. Par habitude. Par facilité aussi. Comme on s'étourdit avec un verre d'alcool. Pour retomber, quand elle est seule, face à elle-même, dans une mélancolie dépressive qui la rend si malheureuse qu'elle peut devenir agressive, méchante, mesquine, pingre. Jackie sera toute sa vie sujette à ces sautes d'humeur. Son entourage se plaindra de cette instabilité.

Un jour qu'on demandait à John Kennedy de comparer son caractère à celui de sa femme, il dessina une ligne droite pour lui et une sinusoïdale pour elle.

Jackie ne reprendra plus jamais complètement pied. Il lui faudra attendre longtemps avant qu'une nouvelle occasion de retrouver le contrôle de sa vie se présente. Et cette seconde chance-là, elle ne la laissera pas passer.

IV

En échange de son sacrifice, Janet, avec la générosité des vainqueurs qui ont terrassé leur adversaire, fait deux cadeaux à Jacqueline. Un voyage en Europe avec sa sœur Lee, durant l'été 1951, et, à son retour, une place de reporter dans un journal vieillot et conservateur, le *Times-Herald*. Jackie y est chargée de faire une petite interview et une photo par jour. C'est oncle Hughie qui a tout manigancé. Il a un ami qui connaît le rédacteur en chef du journal, Frank Waldrop, et qui lui aurait téléphoné en lui demandant : « Vous engagez toujours des jeunes filles ? J'ai une merveille pour vous. Elle a les yeux ronds, elle est intelligente et veut faire du journalisme. »

Jackie accepte.

Comme elle accepte aussi de se fiancer. Avec le premier venu. Il s'appelle John Husted, il est grand, beau, impeccable, courtois, et banquier. Il correspond exactement au genre d'homme qu'apprécie sa mère. En plus, il habite New York, ce qui fait plaisir à son père. Les fiançailles sont étranges : l'atmosphère est morose, et les deux fiancés au garde-à-vous. Pendant la réception, Jackie se contente de hocher la tête et de sourire en se tenant à distance de son futur époux. Elle a fait ce qu'on attendait d'elle, elle s'est trouvé un beau parti. Qu'on la laisse tranquille, maintenant!

Quant au fiancé, il n'en revient pas. Subjugué par l'intelligence et la beauté de Jackie, il ose à peine la toucher et pressent assez vite qu'il y a quelque chose d'anormal dans cette histoire. Mais, en homme bien élevé, il ne pose pas de questions. Ce seront les fiançailles les plus chastes du monde. Elle lui assure, de loin et par écrit, qu'elle l'aime à la folie. Mais quand il la retrouve, elle est parfaitement indifférente et le traite en camarade. Et s'il lui demande de fixer une date pour leur mariage, elle remet sans cesse à plus tard. Lorsque la mère de John, attendrie, propose à Jackie une photo de son fils quand il était bambin, Jackie lui rétorque sèchement que si elle a envie d'une photo de John elle la prendra elle-même.

Une amie insiste pour voir sa bague de fiançailles; Jackie enlève ses gants, montre la bague qui scintille sur ses doigts verts et explique que c'est en développant elle-même ses photos que cette drôle de couleur est apparue. Puis elle enchaîne sur son nouveau métier, qu'elle décrit avec beaucoup plus d'enthousiasme que le diamant à son doigt.

Pour l'instant, c'est tout ce qui l'intéresse. Elle est chargée de poser des questions insolites à des gens connus ou anonymes et de les prendre en photo. Elle apprend donc à se servir d'un appareil et concocte des questions spirituelles et légères. De drôles de questions : « Les riches aiment-ils plus la vie que les pauvres ? », « Estimez-vous qu'une épouse doit laisser croire à son mari qu'il est plus intelligent qu'elle ? », « Si vous deviez être exécuté demain matin, que commanderiez-vous comme repas ? », « Les femmes sont-elles plus courageuses que les hommes chez le dentiste ? », « Comment repérez-vous un homme marié dans la rue ? », « Considérez-vous une épouse comme un luxe ou une nécessité ? », « Quelle est la First Lady que vous souhaiteriez être ? », « L'épouse d'un candidat doit-elle faire campagne avec son mari ? », « Si vous aviez rendez-vous avec Marilyn Monroe, de quoi parleriez-vous ? »...

A l'intérieur du journal, elle n'est pas très bien vue. Les méchantes langues disent que c'est une arriviste. Les autres font mine de s'apitoyer et la considèrent comme une pauvre petite fille riche, incapable de poser une question ou de prendre une photo. Entre eux, ils la traitent de pistonnée, de mondaine sans cervelle et de « même pas jolie ». Mais son rédacteur en chef l'apprécie et l'augmente. Jackie, elle, au bout d'un moment, tourne en rond. Elle s'ennuie au journal, elle s'ennuie avec le beau John Husted. Dès que sa mère a le dos tourné, elle organise des soirées à Merrywood, où elle n'invite que des hommes beaucoup plus âgés qu'elle. Elle leur fait raconter leur vie et leur pose une foule de questions sans jamais répondre aux leurs. Elle choisit de préférence des hommes de pouvoir, cultivés, divertissants, qui l'emmènent au théâtre, au cinéma. Elle visite avec eux des asiles psychiatriques pour observer les patients. Ses chevaliers servants n'osent pas rêver de l'embrasser mais répondent toujours présent quand elle appelle. Elle n'est pas du genre à s'arrêter devant un modeste fonctionnaire en manches de lustrine, aux ambitions limitées. Ce qu'elle désire avant tout, c'est admirer et apprendre. Et puis, elle déteste les hommes parfaits, elle les trouve ennuyeux. « Quand je regarde un mannequin homme, au bout de trois minutes, je m'ennuie. J'aime les hommes avec des nez bizarres, des oreilles écartées, des dents irrégulières, les hommes petits, les hommes maigres, les hommes gros. Ce que je demande avant tout, c'est l'intelligence. »

Un soir où son fiancé est venu la voir à Washington, alors qu'elle le raccompagne à l'aéroport, elle glisse sa bague de fiançailles dans la poche de son veston et s'en va. Sans explications. Il est trop poli pour en demander. Il ne la reverra plus.

Si elle a renvoyé John Husted, c'est parce que, depuis quelque temps, elle sort avec un homme très séduisant, un homme qui la fascine, avec lequel elle ne s'ennuie jamais et vers lequel elle se sent basculer. Il s'appelle John Kennedy, il a douze ans de plus qu'elle. Il est en pleine campagne pour se faire élire sénateur du Massachusetts. Il l'a draguée, par-dessus un plat d'asperges, à un dîner chez des amis, et lui a proposé un rendez-vous. Puis il l'a oubliée pendant six mois. Pour la rappeler et l'oublier encore. Jackie s'habitue à ces apparitions sporadiques. Elle ne se formalise pas de la désinvolture de John. Au contraire, elle se dit qu'elle a peut-être rencontré, enfin, quelqu'un à sa taille. Un être imprévisible, froid, et parfois cruel, charmeur et charismatique, devant lequel toutes les femmes se pâment. Personne ne regardait John Husted et lui ne regardait qu'elle. Quel ennui ! La gentillesse, la bonté ne sont pas des vertus à ses yeux.

Alors qu'avec John Kennedy elle respire l'odeur du danger, du risque, de l'imprévisible. Elle se dit même qu'elle va peut-être souffrir, mais c'est plus fort qu'elle. C'est lui qu'elle veut. Ses amis ont beau la prévenir qu'il est inconstant, invivable, égoïste, elle s'en fiche. Au contraire, elle se pique au jeu. Il est entouré de femmes qui rêvent de le conquérir ? Elle les éliminera toutes. Il ne montre aucun empressement à se ranger et à choisir une épouse ? Il l'épousera. Il est réputé infidèle, brutal avec les femmes, à la limite de la goujaterie ? Bientôt il n'aimera qu'elle et se traînera à ses pieds. Il ne faut jamais lancer un défi à Jackie : pour elle, « impossible n'est pas Bouvier ». Et puis, bizarrement, sous sa carapace de dure et d'indifférente, Jackie a un côté fleur bleue. Rappelez-vous la Reine du cirque et le beau trapéziste... N'ayant aucune expérience sentimentale, elle se bâtit tout un roman autour de John. Pour la première fois, elle va se laisser aller dans les bras d'un homme. Ils flirtent sur le siège arrière de la vieille décapotable de John, lequel entame une lutte acharnée contre le soutien-gorge de Jackie, qu'elle ne veut pas retirer : elle a honte de sa poitrine plate comme celle d'un garçon et bourre ses soutiens-gorge de coton.

John, lui, est impressionné par Jackie. Elle est belle, elle a de l'allure, elle est différente. Elle est drôle et affiche un humour anticonventionnel qui peut faire des ravages. Cultivée, elle s'intéresse à tout. Elle installe avec les gens une distance mystérieuse pour un homme

habitué à ce que les femmes lui tombent tout énamou-
rées dans les bras. Elle est catholique, lui aussi. Elle
vient d'une excellente famille et fortunée. John apprendra plus tard que Jackie n'a pas d'argent à elle, et que
le luxe qui l'a épaté à Merrywood provient tout droit
du portefeuille d'oncle Hughie.

Chacun repère chez l'autre une faille identique : le
besoin de solitude, d'un jardin secret où personne ne
doit pénétrer. Ce sont deux solitaires déguisés en
extravertis. Jackie comparait John et elle-même à des
icebergs dont la plus grande partie est immergée.

Patiemment, elle va attendre qu'il lui propose le
mariage. Et faire de son mieux pour l'encourager.
Quand Jackie veut quelque chose, son énergie n'a pas
de limites. Tous les moyens sont bons. Elle est prête
à se déguiser en petite femme soumise, s'il le faut.
Elle lui apporte son déjeuner au bureau pour qu'il n'ait
pas à s'interrompre dans son travail, l'aide à écrire plusieurs articles, lui traduit des ouvrages spécialisés sur
l'Indochine, fait ses emplettes, porte sa serviette quand
il a mal au dos, l'accompagne à des dîners politiques,
lui choisit ses vêtements, fait du bateau avec lui,
va voir des westerns ou des films d'aventures, rédige
les dissertations de son jeune frère, Ted Kennedy.
Bref, elle s'emploie à se rendre indispensable sans
paraître « trop intelligente », parce qu'il n'aime pas ça.
Ni trop collante. Elle sait se faire désirer, n'est pas toujours libre quand il appelle, évoque le charme et l'intelligence des autres hommes qu'elle voit, fait mousser
l'importance de son travail et son influence grandis-
sante au *Times-Herald*.

Elle lui propose de l'interviewer pour son journal. Question : « Quel effet cela fait-il d'observer les huissiers (du Sénat) de très près ? » Réponse de John Kennedy : « J'ai souvent pensé que, pour le pays, il serait préférable que sénateurs et huissiers échangent leurs métiers. Si une telle loi était votée, je serais ravi de céder les rênes. »

Enfin, récompense suprême, elle est invitée dans la famille Kennedy à Hyannis Port. Jetée en pâture aux frères, sœurs, beaux-frères, belles-sœurs, qui tous débordent de vitalité, se moquent d'elle et de ses grands pieds, de ses airs de princesse – « Appellez-moi Jac-line », leur demande Jackie. « Ah ! ah ! ça rime avec *queen* », rétorquent les sœurs de John –, de son inaptitude à jouer au foot ou aux charades où ils se bourrent de coups de coude dans les côtes tellement ils rient. « Rien que de les regarder m'épuise ; ils se conduisent comme des gorilles échappés de leur cage, ils vont me tuer avant même que j'aie une chance de me marier », avoue Jackie à sa sœur Lee. Jac-line revient de ces week-ends fourbue, couverte de bosses et d'ecchymoses (ils lui briseront la cheville un jour en jouant au foot !), mais toujours amoureuse et... célibataire. La mère de John la contemple de haut. La première fois, elle l'a prise pour un garçon ! Jackie se venge en l'appelant « la Reine Mère » et refuse de s'incliner devant elle.

Le seul qui l'ait repérée et qui comprenne tout de suite quel parti en tirer, c'est le vieux Joe Kennedy, le patriarche, ébloui par la classe et l'élégance de la nouvelle petite amie de son fils. Il faut que John se marie, pense le vieux Joe. John a 36 ans, une carrière politique devant lui. Cette fille est parfaite, elle a de l'éducation, de la tenue, du cran. Elle parle français. De plus, elle est catholique ! Joe est séduit par Jackie qui le cajole, le taquine et lui répond du tac au tac. Elle lui envoie un jour un dessin représentant les enfants Kennedy sur la plage, contemplant le soleil. Dessous, elle a écrit, dans une bulle qui sort de la bouche des enfants : « Impossible de l'emporter, papa l'a déjà acheté ! » Le vieux Joe adore l'esprit de Jacqueline et il ne cesse de répéter : « Il faut que John l'épouse, il faut que John l'épouse ! » Il fait valoir ses arguments à son fils, qui l'écoute sans rien dire.

John lambine. Il a trois autres maîtresses à Washington et n'est pas pressé de se caser. Le 18 avril 1952, la sœur de Jackie, Lee, se marie. Elle avait d'abord songé à faire du cinéma mais a préféré épouser un héritier, Michael Canfield, fils du patron d'une prestigieuse maison d'édition. Lee est beaucoup moins compliquée que Jackie. Protégée par sa grande sœur et son jeune âge, elle n'a pas autant souffert du divorce de ses parents. Elle vit au jour le jour, savourant toutes les occasions qui se présentent. Ravissante, légère et gaie, elle adore tenir le devant de la scène. Elle souffrira, plus tard, de vivre dans l'ombre de sa célèbre sœur, mais n'en montrera jamais rien. Elle aime trop Jackie pour lui en vouloir. C'est la vie, pensera-t-elle en multipliant les soupirants, les mariages et les divorces. Mais toujours sans angoisse. Elles seront très proches, et Lee fut sûrement ce qui ressemble le plus à une amie intime, une confidente pour Jackie. Avec Lee, elle osait piquer des fous rires, faire le clown et dire n'importe quoi. Lee était toujours là quand Jackie l'appelait au secours.

Ce jour-là, Jackie est demoiselle d'honneur. C'est une épreuve terrible, pour elle qui est l'aînée, de devoir assister à ce mariage en vieille fille de 23 ans. D'autant qu'on ne cesse de lui demander : « Alors, ce John Kennedy, il n'a toujours pas fait sa demande ? » Elle se sent humiliée et répond en haussant les épaules : « Pensez-vous ! Il veut être Président ! Il n'y a que la politique qui l'intéresse ! »

C'est Black Jack qui conduit sa fille cadette à l'autel. Il se tient très bien pendant toute la cérémonie, mais ne peut s'empêcher de comparer l'aisance de la propriété des Auchincloss, Merrywood et son vaste domaine, avec son modeste appartement de New York. Janet est glaciale. Seul le bon oncle Hughie fait des efforts pour le mettre à l'aise. Malgré cela, le courant ne passe pas entre les deux hommes. Jack Bouvier a trop longtemps traité Auchincloss de « lourdaud obtus et mal élevé » pour enterrer facilement la hache de guerre.

Enfin, vers la mi-mai, poussé par son père qui lui serine que Jackie est une fille remarquable et qu'elle fera une épouse idéale pour un candidat à la présidence, John se décide. Un soir, dans sa voiture, en tripotant sa clé de contact et en maugréant entre ses dents, il lui demande si elle veut bien être son épouse. « Je n'en attendais pas moins de ta part », répond Jackie, ironique, cachant son émotion.

Elle exulte. Elle réalise enfin son rêve. Elle épouse le célibataire le plus convoité du pays. Riche, beau, célèbre et plein d'avenir. Jackie a envie de descendre de la voiture, de faire des cabrioles dans la rue, de hurler son bonheur à tous les voisins endormis, mais elle croise les bras sur sa robe et garde son maintien impeccable.

Elle a bien fait de ne rien laisser paraître, car il ajoute que, au cas où elle accepterait, il ne faudrait rien dire avant que ne sorte l'article du *Saturday Evening Post* qui a fait un portrait de lui : « Le Joyeux Célibataire du Sénat. » S'il ne veut pas décevoir ses fans, il doit rester libre encore quelque temps. On ne peut rêver d'une demande en mariage plus romantique !

Jackie ne se laisse pas démonter. Avec une indifférence calculée, elle répond qu'elle va réfléchir et qu'elle lui donnera sa réponse en revenant de reportage. Elle part en effet, envoyée par son journal, assister en Angleterre au couronnement d'Élisabeth II.

Un partout, pense-t-elle, enchantée. Elle déteste qu'on la traite comme une groupie. Il croyait qu'elle allait s'évanouir de plaisir et lui baiser les mains de reconnaissance ? Eh bien, elle va le faire trembler d'impatience.

En fait, l'émotion passée, la garde du soupirant abaissée et le but qu'elle s'était fixé atteint, Jackie se pose des questions. Plus du tout aussi sûre de vouloir être madame John Kennedy. Paniquée à l'idée de perdre son indépendance et de rentrer dans le clan Kennedy, où les femmes sont considérées comme des utilités qui servent à se reproduire ou à applaudir les hommes de la famille. Elle a peur aussi de la réputation de coureur de John. Et puis, elle n'a jamais tenu une maison. Elle ne sait pas faire cuire un œuf ou dresser une table. Elle n'aime que lire, seule dans sa chambre, ou galoper dans la campagne avec Danseuse. Elle devine que sa

vie va changer radicalement, et elle n'est pas sûre que
ce soit en bien. En épousant John, elle remet son sort
à elle entre ses mains à lui. Est-ce une si bonne idée ?
Il est brutal, elle est raffinée ; il aime sortir, voir des
gens, parler de tout sans rien dire, elle aime rester
à la maison, peindre des aquarelles et lire ou décorti-
quer une idée avec trois intellectuels ; il passe sa vie
en famille, elle déteste la vie en groupe ; il est fou de
politique, elle en bâille d'ennui... Loin de John, Jackie
voit clair en lui. Et en elle. Elle pressent, mais sans
vouloir approfondir, que cette chasse effrénée pour
avoir John cache une autre quête : celle de la petite fille
blessée qui veut cicatriser une vieille douleur. Elle se dit
qu'elle mélange tout : John, Black Jack, ses angoisses,
sa volonté de s'en sortir. Elle passe deux semaines à
Londres et ses articles font la une du *Times-Herald*.
John lui envoie un télégramme : « Articles excellents
mais tu me manques. » Elle le rappelle, le cœur battant ; va-t-il enfin lui faire une déclaration en règle ? Se
traîner à ses pieds ? Lui soupirer qu'il ne peut vivre
sans elle ? Qu'il était un fou de la laisser partir ? Il lui
demande de lui rapporter quelques livres dont il a
besoin et se met à débiter une liste si impressionnante
que Jackie sera obligée d'acheter une valise et de payer
cent dollars d'excédent de bagages !
Toujours saisie par le doute, Jackie décide de se donner
encore un peu de temps de réflexion et va passer deux
semaines à Paris. Elle en arpente les rues, tourne et
retourne le problème dans sa tête. Puis elle rentre à
Washington, toujours incertaine. Pendant le voyage,
elle se trouve assise à côté de Zsa-Zsa Gabor, une

ancienne conquête de John, et l'assaille de questions, toutes plus futiles les unes que les autres : « Que faites-vous pour avoir une si belle peau ? », « Où avez-vous appris à vous maquiller ? », « Suivez-vous un régime ? ». La star, excédée, finit par prendre en horreur sa compagne de voyage. En fait, Jackie n'a qu'une angoisse : John sera-t-il à l'arrivée à Washington ? Sa vieille peur d'être abandonnée reprend le dessus. Et s'il n'était pas là ? Et s'il l'avait oubliée ? Elle parle pour ne rien dire, pour oublier son trac. Quand l'avion se pose à Washington, Zsa-Zsa Gabor sort la première et tombe dans les bras de John, qui attend Jackie. John étreint la belle Hongroise, la soulève de terre et la repose dès qu'il aperçoit Jackie. Celle-ci a tout vu. De loin. Tous ses doutes sont balayés. « Il est à moi. N'y touchez pas. Il m'a demandé d'être sa femme », a-t-elle envie de crier. Tout à coup possessive et jalouse, elle se précipite sur John. C'est plus fort qu'elle. Elle a 8 ans et ne veut pas que son père s'en aille. John présente alors les deux femmes l'une à l'autre. Zsa-Zsa, de son air supérieur, lui recommande de faire attention à la « gentille petite » et de ne pas la corrompre. « Mais c'est déjà fait », réplique Jackie dans un souffle.

Elle déteste que les femmes affichent une complicité avec celui qui n'appartient qu'à elle. Elle ne supporte pas qu'une sous-actrice de Hollywood la traite en oie blanche. Après tout, c'est elle qu'il a demandée en mariage ! Elle oublie ses doutes et ses angoisses, ses réserves tombent, et elle dit oui.

Ce mariage aurait dû être une épreuve initiatique pour Jackie. Elle aurait dû réfléchir et se dire qu'on n'épouse pas un homme pour se guérir d'un père. Jackie refuse de s'analyser. Elle préfère foncer en avant pour oublier. Ce n'est qu'à la fin de sa vie, quand elle aura la force d'aller parler à un psychothérapeute, qu'elle comprendra. A 24 ans, elle est trop jeune.

Le reste fait partie de la légende. Jackie voulait un mariage dans l'intimité, John lance deux mille invitations et convie toute la presse. Quinze jours avant le mariage, il disparaît avec un copain et enterre sa vie de garçon sans discontinuer pendant deux semaines. La mère de Jackie siffle de rage et répète à sa fille que ce ne sont pas des manières : un fiancé ne doit pas déserter sa promise juste avant la cérémonie. Ce mariage est une mésalliance. Ces Kennedy ont mauvaise réputation. Ils sont mal éduqués et il n'y a que l'argent qui les intéresse. Ce sont de nouveaux riches, des parvenus, répète-t-elle à Jackie, ayant tout oublié de ses propres origines. On dit partout que le vieux Joe est un escroc infâme et que la meilleure société de Boston lui tourne le dos.

Le père de Jackie, s'il est malheureux à l'idée de perdre sa fille, a été séduit par son futur gendre. Les deux hommes ont tellement de points communs qu'ils se sont tout de suite bien entendus. Ils ont parlé de femmes, de politique, de sport, de leurs maux de dos et des traitements qui les soulagent. Jackie les a écoutés, émerveillée. « Ils sont de la même famille, la famille des hommes au sang chaud. » Elle ne s'inquiète pas à l'idée que l'homme qu'elle va épouser ressemble à son père. Elle l'idéalise tellement qu'elle s'en félicite. Jackie n'a jamais voulu faire descendre Black Jack du piédestal où elle l'avait placé, enfant. Elle raconte les pires turpitudes de son père en éclatant de rire. Black Jack est toujours un héros à ses yeux.

Jack Bouvier se prépare pour le mariage de sa fille. Il s'est mis au régime, fait de l'exercice, se fait masser, travaille son bronzage, court les tailleurs pour se trouver une tenue impeccable, une tenue qui transformera ce pauvre Hughie en balourd provincial. Il pousse même le raffinement jusqu'aux chaussettes et au caleçon qu'il repasse fébrilement. Il doit être un prince puisqu'il marie sa Princesse. Toute cette mise en scène cache au fond une grande inquiétude : cette fois encore, le mariage va se dérouler en territoire ennemi. Il va lui falloir rencontrer Janet et Hughie, assister à une cérémonie grandiose dont les Auchincloss, et non lui, paient la note. Janet lui a bien fait comprendre qu'il ne serait invité à aucune des réceptions qui précèdent le mariage, et que, s'il ne tenait qu'à elle, il n'aurait pas été invité du tout. Mais Jackie a insisté. Black Jack est triste. Il comptait tenir brillamment son rôle. Une fois de plus, la fête va tourner au règlement de comptes.

Black Jack ne conduisit pas sa fille à l'autel : on le trouva ivre mort dans sa chambre d'hôtel, le matin du mariage. Ce fut Hugh Auchincloss qui le remplaça, et Jackie dut se mordre les lèvres très fort pour ne pas pleurer. Ne rien montrer, ne jamais rien montrer. Black Jack se réveilla, furieux et humilié, quand tout était fini et les mariés envolés. Il rentra à New York, s'enferma dans son appartement et n'en sortit plus pendant des jours et des jours. Il ne répondait même pas au téléphone. Il passait ses journées assis dans son salon, rideaux tirés, à boire et à pleurer. Il ne pourrait plus jamais regarder sa fille en face. C'est une lettre de Jackie, écrite à Acapulco durant son voyage de noces, qui le sortit de son abattement. Une lettre pleine d'amour, de tendresse et de pardon. Elle ne lui en veut pas, elle l'aimera toujours et il sera à jamais son petit papa adoré. Elle comprend qu'il ait eu le trac. Elle savait qu'il serait mal à l'aise. Cette lettre requinque Jack Bouvier. Pour la première fois depuis des semaines, il tire les rideaux de son salon et s'habille.

Jackie fut très blessée par la désaffection de son père mais elle n'en montra rien. Elle apparut, sereine et éblouissante, devant les trois mille curieux qui se pressaient devant l'église pour apercevoir les jeunes mariés. Elle reçut les félicitations des invités pendant deux heures et demie sans défaillir.

Pendant le déjeuner qui suivit la cérémonie à l'église, John lui offrit en cadeau de mariage un bracelet en diamants qu'il laissa tomber négligemment sur ses genoux en passant près d'elle. Sans un mot, sans un baiser. Jackie le regarda, étonnée. Il fit un discours très drôle, expliquant qu'il avait épousé Jackie parce qu'elle devenait trop dangereuse en tant que journaliste. Elle lui porta un toast en répondant qu'elle espérait qu'il serait meilleur mari que prétendant. Pendant tout le temps qu'avait duré ce qu'on pouvait appeler sa cour, il ne lui avait pas envoyé une seule lettre d'amour, à part une pauvre carte postale des Bermudes où il avait griffonné une seule phrase : « Dommage que tu ne sois pas ici, Jack. »

Le ton était donné : il allait falloir compter avec elle.

Elle ne se laisserait pas éclipser par son brillant mari.
Enfin, les jeunes mariés se retirèrent et s'envolèrent pour
Acapulco. Quand elle était petite et Reine du cirque,
Jackie, en voyage avec ses parents, avait déclaré que
c'est là et pas ailleurs qu'elle passerait son voyage de
noces avec son beau trapéziste. Dans cette maison-là,
avait-elle dit en montrant du doigt un palais rose. Et
c'est dans cette maison rose-là que John emmena Jackie
passer sa lune de miel.

V

Que savait Jackie de son nouveau mari ?

Pas grand-chose. Elle était tombée amoureuse d'une image qui ressemblait furieusement à son père. Mais son père, contrairement à John Kennedy, n'avait qu'un seul amour : sa fille. Il l'aimait mal, la traitait comme une somptueuse maîtresse, ne sut jamais réformer sa vie pour lui faire une vraie place, mais il l'aimait. Jackie le savait, et c'est à partir de cet amour fou qu'elle s'était construite. Son père fut sa rampe de lancement. C'est pour lui qu'elle voulut être parfaite, la première de la classe et un objet de désir pour les hommes. C'est grâce à l'amour de Black Jack qu'elle acquit cette force inébranlable, cette volonté qui lui permettait de mener sa vie comme elle l'entendait, et qui faisait dire à certains qu'elle était dure, avide, brutale. Rien ne devait lui résister. Elle savait exactement ce qu'elle ne voulait pas.

Mais elle ne savait pas ce qu'elle voulait. Elle réagissait mais n'agissait pas selon ses désirs. Parce qu'il lui avait manqué l'amour d'une mère qui, lui, donne l'identité, la foi profonde en soi, les racines de son être. Il aurait suffi qu'elle ait une mère aimante pour qu'elle soit une femme équilibrée, forte, attentive à son bien-être et à celui des autres. Mais sa mère la critiquait toujours. Sa fille, quoi qu'elle fasse, avait toujours tort. Elle trouvait ses robes trop courtes, ses cheveux trop fous, ses soupirants pas assez argentés ou mal nés. Elle ne parlait jamais à Jackie de ce qu'elle réussissait mais lui reprochait mille peccadilles. Autant elle était dure avec Jackie et Lee, autant elle pouvait se montrer tendre avec les enfants qu'elle eut de son mariage avec Auchincloss. Elle ne pardonna jamais à Jackie d'être la fille de son père. Quant au mariage de sa fille aînée avec le célibataire le plus convoité des États-Unis, cela la laissa complètement froide. Elle regretta le tapage fait autour de cette union et déclara que c'était une atteinte à sa vie privée. Quand on lui demandait des nouvelles de Jackie, elle répondait en agitant la main comme pour chasser une mouche : « Oh ! Jackie va très bien », et enchaînait en parlant de ses autres enfants.

John Kennedy, lui aussi, avait été privé de l'amour d'une mère. Dans son livre [1], Nigel Hamilton peint l'enfance et l'adolescence du futur Président avec des couleurs plutôt sombres.

Quand elle racontait la naissance de John, son deuxième enfant, Rose Kennedy se souvenait parfaitement du coût de l'obstétricien et de l'infirmière qui l'assistait, mais avouait qu'elle ne savait pas ce que le mot « fœtus » voulait dire. Rose faisait des enfants parce qu'une femme

---

1. *JFK. Reckless Youth*, Random House Inc., New York.

mariée, catholique, doit faire des enfants. Le plaisir n'avait rien à voir dans l'affaire. Le sexe était un devoir conjugal pénible, rendu encore plus pénible par la brutalité et le manque de chaleur de son époux ; le sexe était sale, dégoûtant. Et son résultat, les enfants, une corvée. Après la naissance de son troisième enfant, Rosemary, Rose, écœurée par les infidélités de Joe Kennedy, quitte le domicile conjugal. Elle abandonne mari et enfants et se réfugie chez son père. Au bout de trois semaines, le sens du devoir et les sermons paternels la ramènent chez elle. Mais elle prend vite en grippe toute sa maisonnée. Sans jamais rien en montrer, comme une bonne catholique stoïque et résignée : on doit aimer ses enfants, son mari, c'est écrit dans les Évangiles. Néanmoins, elle multiplie les voyages à l'étranger pour se tenir le plus loin possible de sa famille.

Le petit John a des problèmes de santé. A 3 ans, il est envoyé en sanatorium, où il passe trois mois. C'est un petit garçon adorable, drôle, stoïque. L'infirmière qui s'occupe de lui tombe sous son charme et, quand il part, supplie ses parents de pouvoir le suivre et lui servir de nounou.

Quand Rose parle de sa famille – elle a maintenant cinq enfants –, elle dit « mon entreprise ». Ce n'est pas une mère, c'est un manager. Elle a des dossiers pour chacun de ses enfants. Dans chaque dossier, une série de fiches où elle note leur poids, leur taille, leurs problèmes de santé. Elle les pèse, les mesure deux fois par mois. Elle est obsédée par leurs vêtements, vérifie à la fin de chaque journée que les ourlets tiennent, que les manches ne s'effilochent pas, que les cols sont bien droits; et, surtout, surtout que les boutons sont tous en place. Les boutons sont pour elle une obsession. Elle dissimule sa désillusion conjugale et sa dépression chronique sous des apparences de discipline militaire. Jamais elle ne se penche pour faire un câlin, donner un baiser, consoler un gros chagrin, ni même effleurer une tête d'enfant. Elle fait son devoir, remplit ses fiches, réglemente, édicte des principes, mais elle n'a aucun contact physique avec ses garçons ou ses filles. Avec son mari, elle fait chambre à part. Elle accepte de remplir son devoir conjugal, mais, dès que Joe a fini, elle se tourne sur le côté et lui demande de regagner son lit. Tout ce qui est contact physique la dégoûte. Elle se couvre de parfums lourds pour oublier qu'elle a une odeur corporelle.

Joe se console très facilement, accumulant les maîtresses et faisant fortune en escroquant tout le monde. C'est l'homme d'affaires le plus louche de la côte Est. Il est rejeté par l'establishment qui refuse de recevoir cet être amoral et libidineux. Cela ne le dérange pas le moins du monde. Il continue à tripoter toutes les filles qu'il approche, allant même jusqu'à les caresser, la main dans la culotte, en plein restaurant. Rose Kennedy n'ignore rien de ses aventures et remet son sort entre les mains de Dieu.

Les enfants sont élevés par des gouvernantes qui changent tout le temps (elles sont sous-payées) et par un père qui, lorsqu'il est là, leur apprend une seule chose : la compétition. La vie est une jungle, explique-t-il, il n'y a que les plus costauds qui s'en sortent, et tous les moyens pour gagner sont bons, y compris les plus malhonnêtes.

Quand il voit sa mère préparer ses valises pour un nouveau voyage, John (il a 5 ans) se poste près de la malle ouverte et lui lance : « Ah ! on peut dire que tu es une mère formidable, toi, toujours en train de partir et d'abandonner tes enfants ! »

Il se réfugie dans les livres. Il est passionné par l'Histoire. Continuellement malade et alité, la lecture devient le seul divertissement auquel il a droit. Il a un esprit ouvert, curieux de tout, et pose mille questions. Si Rose ne lui fait pas la lecture, elle filtre soigneusement tous les livres qui franchissent le seuil de sa maison. Tout ce qui est trop hardi, trop flamboyant est banni des bibliothèques. Un mot osé ou une question dérangeante entraînent une correction. « J'avais pris l'habitude d'avoir toujours un cintre à portée de main », se vantera-t-elle plus tard. Ce sont les seules occasions où Rose touche physiquement ses enfants.

Le petit John se réfugie de plus en plus dans ses rêves. Il arbore un air absent. Quand on lui demande de respecter des horaires, par exemple, il est toujours en retard. Rose le menace de l'exclure des déjeuners ou des excursions à la plage. Il hausse les épaules, indifférent. Tant pis ! semble-t-il dire. Il ne mangera pas ou restera à la maison. Il est toujours débraillé. Ses cheveux sont ébouriffés, sa chambre est sens dessus dessous. Il sort en pantoufles, fait sauter ses boutons et déchire ses pantalons. Il ne supporte pas les vêtements propres et repassés. Il n'est pas rare qu'il parte à l'école avec une chaussure rouge à un pied et une bleue à l'autre. Bref, il refuse la névrose de sa mère et se tient éloigné de la tension qui règne entre ses parents.

C'est une maison où l'on respire le ressentiment. Joe en veut à sa femme de sa frigidité. Rose hait les débordements sexuels de son mari et les lui fait payer de manière souterraine. Apparemment, elle est impeccable : mince, svelte, habillée chez les plus grands couturiers, couverte de bijoux. Elle a un sourire figé, glacial. Et, sous la glace, la haine bouillonne sans qu'elle l'exprime jamais.

Rose devient de plus en plus obsédée par les boutons, les boutonnières de ses enfants. C'est un moyen pour elle de contrôler la réalité. Les boutons la rassurent. Ils lui font oublier son mari et les éclats de ses sept enfants. Matin et soir, elle boutonne, déboutonne, compte les boutons manquants, les remplace, les recoud, part à la recherche du fil le plus solide possible. « Boutons, boutons, boutons », l'entend-on marmonner, seule dans la lingerie. Ce mot hante le petit John qui détale dès qu'elle approche. Et pourtant, des années plus tard, il affublera sa fille Caroline du surnom de Buttons. Boutons ! « Buttons, Buttons, où es-tu ? » l'entendra-t-on appeler dans les couloirs de la Maison-Blanche...

Après chaque accouchement, Rose part en voyage et engage une nouvelle nurse. Elle adore aller à Paris, où elle court les couturiers et les joailliers, achète les parfums les plus capiteux et les plus coûteux. Elle dépense des fortunes. C'est un moyen, explique-t-elle, de se venger de son mari : elle le fait payer pour ses infidélités. Chaque fois, devant ses valises ouvertes, John pleure abondamment. Jusqu'au jour où il comprend que plus il pleure, plus sa mère se renferme et l'ignore. Il se met à la détester mais n'en laisse rien paraître. Il se bouche le nez quand elle passe, il ne sup-

porte pas l'odeur du parfum. Puisqu'elle ne l'aime pas,
il va se tourner vers les autres. Ses professeurs l'adorent, les mères de ses petits copains le gâtent, il est le
chef de sa bande. Et il fuit la maison.

Pendant ce temps, Joe Kennedy vit une aventure torride
avec Gloria Swanson. Il est si fier d'être l'amant d'une
star que, des années plus tard, il se vantera auprès de ses
fils de ses performances au lit, donnant des détails précis sur l'anatomie de miss Swanson, décrivant longuement ses parties génitales et son insatiabilité sexuelle.
« Il n'y avait que moi pour la satisfaire, et quand je l'ai
laissée tomber elle n'a pas eu assez de ses deux yeux
pour pleurer ! »

Bientôt, tout le monde est au courant de sa liaison holly-
woodienne, et la famille Kennedy est mise en qua-
rantaine. Les enfants ne sont plus invités et doivent
jouer entre eux, conscients d'être des « moutons noirs ».
En même temps, à la maison, l'absentéisme parental
atteint des records. Joe réside la plupart du temps à
Hollywood. Rose voyage de plus en plus loin, de plus
en plus souvent, de plus en plus longtemps.

Les enfants sont mis en pension. John y débarque à
l'âge de 12 ans, sans vêtements. Sa mère a oublié de
faire sa valise. Il se sent seul, abandonné. Il réclame des
pantalons. Ses frères et sœurs lui manquent. Chez lui,
il a ses repères. C'est l'intello de la famille, ironique,
sarcastique, toujours en retard, mal habillé, bagarreur et
indépendant. En pension, il n'est qu'un petit garçon
parmi les autres, à qui ses parents oublient de rendre
visite. Alors il tombe malade et va se faire dorloter à
l'infirmerie. « On s'était habitué à ce qu'il soit sou-

vent malade, expliquera Rose, ce qui nous inquiétait, c'étaient ses mauvaises notes. » Une fois rétabli, il chahute. Il est incapable de se concentrer, en dépit de son Q. I. très élevé. Ses professeurs l'exhortent à travailler. John refuse de les écouter. Il ne veut pas qu'on l'encourage, il veut qu'on l'aime, qu'on lui témoigne tendresse et affection.

Lorsque son père lui rend enfin visite, il trouve, étonné, un adolescent de 16 ans, maigre, débraillé, frayant avec une bande de garnements qui se tiennent mal. Joe Kennedy est furieux et fait le tour des enseignants. John se plaindra que son père ait passé plus de temps à discuter avec ses professeurs qu'avec lui. Il retombe malade. Cette fois, c'est très grave. On diagnostique une leucémie. Toute l'école vient à son chevet. On murmure qu'il va peut-être mourir. Il devient un héros. Mais sa mère ne prend pas la peine de se déplacer : elle est à Miami, dans sa nouvelle propriété, et n'entend pas renoncer au soleil pour la santé fragile de son fils.

Cette nouvelle épreuve va fortifier John, le rendre encore plus individualiste, plus indépendant, cynique et drôle. Plus insolent aussi. Il décide de ne faire que ce qu'il lui plaît : étudier l'histoire, dévorer le *New York Times* auquel il s'est abonné et ses livres. Il voue un véritable culte à Winston Churchill, lit et relit *La Crise mondiale*, adossé à ses coussins. Il a une mémoire fantastique et apprend par cœur de longs articles pour l'entretenir et la développer. Il se moque de sa maladie et des docteurs qui se grattent la tête pour comprendre ce dont il souffre. « Et si jamais je n'avais rien du tout ? suggère-t-il à son copain Lem Billing dans une lettre,

ça serait drôle, non ? Je passe des nuits entières à développer ce scénario... » Il souffre de crampes à l'estomac
très douloureuses et on lui fait des lavements jusqu'à
six fois par jour. « Bientôt je vais être propre comme
un sifflet ! plaisante-t-il, l'eau ressort si claire qu'ils en
boivent tous une tasse et se régalent. Mon derrière me
regarde d'un sale œil ! »
Vers 17 ans, il commence à s'intéresser aux femmes.
Comme il est souvent en observation dans les hôpitaux, il entreprend d'abord les infirmières. Elles le dor-
lotent, plaisantent avec lui, s'attardent à son chevet;
il est le chouchou de l'hôpital. Mais si elles se montrent trop tendres, il se rétracte sous ses draps. Il veut
bien les trousser mais pas se faire câliner. Il ne supporte pas les effusions en public; pour lui, le sexe doit
être bref, brutal, sans détour inutile. Les femmes trop
féminines, trop bien habillées et portant des parfums
entêtants le dégoûtent. Il préfère clamer son mépris
pour ces femelles avides de lui que laisser entrevoir sa
sensibilité blessée.
Quand il rentre à la maison pour les vacances, il ne sait
jamais dans quelle chambre il va s'installer. Avec des
parents absents, des domestiques qui changent continuellement, des frères et sœurs (ils sont neuf maintenant) qui vont et viennent, il prend la dernière chambre
libre. Comme à l'hôtel. Une chambre totalement
impersonnelle où il ne peut rien accrocher au mur, ne
sachant pas s'il va l'occuper la fois suivante. Sa mère
est de plus en plus maniaque. Elle leur laisse des mots
accrochés partout : « Ne portez pas de chaussettes
blanches avec un costume habillé », « Jamais de chaus-

sures marron avec un costume sombre », « Ne dites pas
Salut mais Bonjour », « Respectez les heures des repas »,
« A table, laissez les dames se lever d'abord, les garçons
devront suivre après », « Mangez votre poisson avec
vos couverts à poisson », etc. Elle a si peur d'oublier
quelque chose qu'elle épingle des mémos sur sa blouse !
John prend un malin plaisir à la ridiculiser et commet
le plus de fautes de goût possible. Il en arrive même à
se lever de table tel un diable pour atteindre avant
Rose la porte de la salle à manger. Quand sa mère lui
fait une réflexion, il s'excuse platement... et recommence le lendemain.

Quant à son père, il ne parle que compétition, combat
pour la vie, mépris pour les pauvres et les faibles, les
Noirs et les Juifs. Ou alors il s'étend sur les millions
de dollars qu'il a mis de côté pour chaque enfant, à
condition qu'ils soient les premiers partout. Comme
dans ses affaires, il est complètement inconsistant. Il
reproche à John une note de blanchisserie trop élevée
puis glisse un billet de cinquante dollars sous chaque
assiette, encourageant les enfants à venir les jouer avec
lui au casino. Il les manipule en leur faisant miroiter
un avenir brillant ou un gros billet de banque, selon
son humeur. S'ils ne suivent pas, il devient violent,
provoque des bagarres entre eux pour récompenser
le plus fort, serre la main du vainqueur et insulte le
vaincu. Au moment de la puberté, incapable d'avoir
un véritable entretien avec ses garçons, il étale des
magazines porno sur leur lit avec des planches en couleur sur l'anatomie féminine. Rose fulmine, les garçons
pouffent de rire, Joe exulte. C'est sa manière à lui d'être

complice avec ses fils. John se réfugie dans sa bande de copains. C'est en compagnie de l'un d'entre eux qu'il perdra sa virginité. Dans un bordel à Harlem où, pour trois dollars chacun, ils ont droit à une fille. Ils ressortent, effrayés, sûrs d'avoir attrapé une maladie vénérienne, et réveillent un médecin en pleine nuit pour qu'il les soigne. John fait les cent coups. Il ne supporte pas la discipline ; dès qu'il y a une bêtise à faire, il se porte candidat. Grâce à son charme et à son dynamisme, il est toujours chef de bande et excelle à diriger ses « hommes ».

Ses parents, ses professeurs lui font des reproches et mettent en avant la conduite de son frère aîné, Joe junior, qui est, lui, un exemple de conduite. Il reconnaît alors que « son frère étant celui qui a toujours bon partout, il est obligé de se différencier et de faire le clown. S'il n'était pas là à jouer les excellents, j'aurais peut-être eu une chance d'être meilleur ». Jusqu'à la mort de son frère, il souffrira de ce complexe. Il essaiera même, à 18 ans, de s'engager dans la Légion étrangère pour se démarquer totalement de Joe.

Il adore les histoires drôles et de préférence cochonnes. Il en connaît des dizaines, sa favorite étant celle de Mae West rencontrant le président Roosevelt : « Bonjour, madame, qui êtes-vous donc ? demande le Président. – Et vous, cher monsieur, qui êtes-vous donc ? répond Mae West. – Franklin Roosevelt... – Hé bien, si vous baisez aussi bien dans l'intimité que vous baisez le peuple américain, venez me voir à l'occasion... »

C'est sa manière à lui de réagir à l'avidité de pouvoir de son père, qui rêve d'entrer dans l'administration

Roosevelt et n'y parvient pas. Son idole est François Ier,
parce qu'il aimait la vie, les femmes et la guerre. « Mais
il savait tenir les femmes à leur place et, exception faite
de sa mère et de sa sœur, il ne leur laissa jamais occuper un rôle important, sauf à la fin de sa vie. Ambi-
tieux, gâté, débordant de vitalité et de force physique,
il était l'honneur et le héros de sa génération », écrit-il
dans une composition. Il a 19 ans quand il écrit cet
essai sur ce héros auquel il s'identifie.

A 20 ans, pendant l'été 1937, comme tout jeune homme
de bonne famille, il part voyager en Europe. Il est
ébloui par les cathédrales de France, découvre le fas-
cisme, le socialisme, le communisme, tous ces « ismes »
qui n'existent pas en Amérique. Il tente de se former
une vision politique en lisant les journaux, les essais
qui parlent de la situation politique en Europe. Il est
troublé par l'Italie de Mussolini qu'il trouve propre et
bien organisée. Il note que les gens ont l'air heureux.
Intrigué par la Russie. Dégoûté par l'Allemagne et
l'hitlérisme triomphant. Charmé par la culture française et l'histoire de France. Il lit Rousseau et en déduit
qu'il a influencé Thomas Jefferson. Confiant dans
l'armée française, il pronostique qu'il n'y aura pas de
guerre entre la France et l'Allemagne, l'armée française
étant supérieure à l'armée allemande ! Troublé de se
trouver dans des pays catholiques, il va à la messe tous
les dimanches. Et pourtant la religion l'ennuie. Il ne
croit pas aux dogmes de l'Église, aux miracles de Jésus,
à l'enseignement du Christ. Il aime bien être catholique parce que cela le rend différent des autres, dans
un monde protestant. Mais s'investir dans la foi le

barbe prodigieusement. « Je n'ai pas le temps pour ça ! »
Il se sent parfaitement à l'aise en Angleterre, ce pays fait
pour les élites, où les femmes arrivent en dernier dans les
préoccupations des hommes après leur club, leurs
copains, la chasse et la politique. « Il était très snob, se
souvient un de ses bons amis, mais pas snob dans le sens
où on l'entend. C'était un snobisme de goût. Il aimait
les gens qui portaient beau, qui avaient de l'allure et
détestait ceux qui se laissaient aller ou étaient trop familiers. Il voulait être fort, grand, courageux, exceptionnel. Il avait en horreur tout ce qui était ordinaire, banal,
routinier, petit. Il voulait vivre intensément. Au fond,
il n'était pas américain du tout dans le sens où il n'était
pas américain moyen. »
Il a une bande d'amis envers lesquels il se montre loyal,
fidèle, mais jamais tendre. « Il aurait fait n'importe
quoi pour cacher ses émotions. Et pourtant il était
chaleureux, parlait à tous, faisait rire tout le monde
et était toujours là quand on avait besoin de lui. C'était
le meilleur ami du monde. » Il veut bien donner, il ne
veut pas être pris. Il pose mille questions à ses interlo-
cuteurs, avide d'apprendre tout ce qu'ils savent. Longtemps après son voyage en Europe, il continue à se
documenter sur Hitler et Mussolini, le capitalisme et le
communisme, le nationalisme, le militarisme et le fonc-
tionnement de la démocratie. Plus tard, dans ses années
d'étudiant, il repartira découvrir l'Europe, la Russie,
le Moyen-Orient et l'Amérique du Sud. Il veut tout
connaître du monde qui l'entoure.
Son passage à Harvard ne laisse pas de grands souvenirs à ses professeurs. Souvent absent en raison de sa

mauvaise santé, il n'arrive pas à se fondre dans le moule de l'enseignement universitaire. Quand la guerre éclate en Europe, il a 22 ans. Il comprend alors qu'il a surestimé l'armée française et se replonge dans ses bouquins pour comprendre.

Il a de multiples liaisons avec des filles belles, brillantes et sportives. Il semble les aimer, mais pas au point de perdre la tête. Les années passant, ses camarades le poussent à s'engager, à se fiancer. Il n'est pas décidé. Et même s'il est ému par une ou deux de ses conquêtes, il refuse de l'avouer, éclate de rire quand ses copains reçoivent des lettres d'amour et les lisent, le cœur battant. « C'est peut-être romantique pour toi, mais pour moi c'est de la merde », s'exclame-t-il. Une de ses petites copines, lucide, se souviendra plus tard : « Il était très calculateur en ce qui concerne son avenir. Il voulait que tout se passe selon ses désirs, y compris son mariage. Ce serait le mariage qu'il fallait avec la personne adéquate et qui pourrait se fondre dans ses plans de carrière. En attendant cette personne idéale, il n'était sérieux avec aucune fille. Il n'était tout simplement pas prêt pour le mariage. »

A ses amis, il parle des infidélités de son père, des cadeaux merveilleux qu'il rapportait à sa mère pour se faire pardonner. Son père a une influence très forte sur lui, et pas pour le meilleur. Il a légué à son fils son mépris des femmes et du foyer. John éclate de rire en expliquant qu'il préfère les seins des femmes à leur cerveau. Quand on lui demande de raconter une de ses idylles, il est très bref : zim, boum, paf! au revoir, madame! Sa méthode pour séduire est expéditive. « Je suis impatient, déclare-t-il un jour à une fille qu'il serre de très près. Tout ce dont j'ai envie, il faut que je l'aie. Voyez-vous, je n'ai pas le temps... »

La seule chose qui l'intéresse, c'est conquérir. L'instant précis où la proie convoitée se trouble, rougit, baisse les yeux et accepte un rendez-vous. Le moment où c'est lui qui impose sa volonté et fait plier la femme. Faire la cour l'ennuie, faire l'amour ne l'étonne plus ni le captive. Quant aux petits mots doux murmurés après... il est déjà parti! Il ne se lassera jamais de la conquête, de ce moment enivrant où il devient le maître et prend le pouvoir. Cet amant rudimentaire est un hussard acharné. Il aime qu'on lui résiste et vaincre cette résistance. «J'aime la chasse, la poursuite mais pas l'hallali final... »

John est trop narcissique pour tomber amoureux. Il se scrute le nombril, surveille son poids, dépense des fortunes pour l'entretien de ses cheveux, jubile quand il a pris un kilo. Les apparences sont très importantes pour lui. Ses copains se moquent de son bronzage perpétuel et le traitent de gonzesse; il répond que « ce n'est pas seulement que j'aime être bronzé mais ça me rassure; ça me donne confiance en moi quand je me regarde dans une glace. J'ai l'impression alors d'être fort, en pleine santé, séduisant, irrésistible ».

Il n'est pas le macho redoutable qu'il prétend être. Il a installé cette façade de « vrai homme » pour faire oublier ses années de maladie, ses faiblesses, ses problèmes de santé dont il a honte et qu'il cache. Pour oublier aussi ses chagrins de petit garçon.

Privé d'amour maternel, il a un gouffre à combler et

chaque femme doit payer pour l'indifférence de Rose. Il aura beau entasser les victimes, il ne parviendra jamais à remplir le vide. Et pourtant, c'est un rapide.

Robert Stack, dans son autobiographie [1], écrit : « J'ai connu la plupart des grandes stars de Hollywood et très peu ont eu autant de succès auprès des femmes que JFK, même avant qu'il ne pénétrât dans l'arène politique. Il lui suffisait de les regarder pour qu'elles trébuchent. » Et la liste des trébucheuses célèbres est longue : Hedy Lamarr, Susan Hayward, Joan Crawford, Lana Turner, Gene Tierney, etc.

La liaison avec Gene Tierney se termina très abruptement. Comme Gene était protestante et divorcée, il était hors de question que John l'épouse, bien qu'il eût 29 ans et l'âge de se ranger. Aussi préféra-t-il le lui avouer alors que leur relation durait déjà depuis deux ans.

« Tu sais, Gene, je ne pourrai jamais t'épouser. »

Elle ne répondit pas mais, à la fin du repas, elle se leva de table et lui dit très doucement : « Adieu, Jack...

– On dirait un adieu définitif, plaisanta-t-il.

– C'en est un. »

Elle ne le revit plus. Mais elle gardait un bon souvenir de lui. « Il n'était pas très romantique, c'est vrai, mais il savait prodiguer son temps et son intérêt. Il demandait tout le temps "qu'en penses-tu ?". » Phrase magique qui rassure les femmes sur leur intelligence !

John a un autre problème : c'est son complexe social. Les Kennedy, toute leur enfance, ont été mal vus à

---

1. *Straight Shooting.*

cause des activités suspectes de Joe Kennedy, de sa conduite scandaleuse et de ses nombreuses maîtresses. Ils ont été montrés du doigt, isolés, vilipendés. Et John, malgré son charme et la fortune de son père, n'arrive pas à impressionner les grandes familles. Il n'appartient pas aux clubs les plus chics, n'est pas invité aux soirées de débutantes. Face à cet ostracisme, il développera un esprit de revanche sociale. « Ils ne me regardent pas, eh bien ! je vais les forcer à me regarder ! Je vais devenir Président des États-Unis ou un truc dans ce genre pour qu'ils soient obligés d'être déférents avec moi ! » Son ambition est partie de là et n'a fait que croître alors qu'il étudiait à Princeton, Harvard ou Stanford, dans des amphis peuplés de fils de famille.

Le 7 décembre 1941, les Japonais détruisent la flotte américaine à Pearl Harbor. Le 8 décembre, le président Roosevelt déclare la guerre au Japon. Le Congrès approuve cette décision à l'unanimité moins une voix. Le 11 décembre, Hitler déclare que l'Allemagne soutiendra le Japon contre l'Amérique. John Kennedy s'engage dans la Marine et part faire la guerre. Il en reviendra en héros, après que son bateau eut été torpillé par un destroyer japonais et qu'il eut sauvé dix de ses camarades dans le Pacifique sud, le 2 août 1943. Les dépêches tombent sur les télex des agences de presse célébrant le courage, le sang-froid et la bravoure de John Kennedy.

Le fils du milliardaire véreux, boutonné et manipulé dans sa famille, est devenu un homme. Quand il pense aux deux infortunés qui sont morts pendant l'attaque, il rumine son échec et en fait des cauchemars. Il écrit aux veuves, leur rend visite et ne les laissera jamais tomber. Il s'est révélé un chef responsable, attentionné. Pas une seule fois, il ne s'est montré arrogant ou vantard. Il a racheté la lâcheté de son père, lequel, lors de la Première Guerre mondiale, avait refusé de s'engager, en solide partisan de l'isolationnisme, avant de témoigner toute sa sympathie au régime de Hitler.

A la suite de son exploit, John a été grièvement blessé et rentre dans son pays pour se faire soigner. Son dos malade le fait atrocement souffrir : il faut l'opérer. Son mal au ventre le reprend, et les médecins diagnostiquent un ulcère du duodénum. Il est maigre comme un demi-clou, on devine ses mâchoires sous la peau tendue de son visage devenu jaune pour cause de malaria !

Le 13 août 1944, un télégramme arrive chez les Kennedy à Hyannis Port : il apprend à la famille que Joe Kennedy junior a été abattu lors d'une mission de reconnaissance aérienne. John est chez lui, ce jour-là. Il est assis sur les marches du porche avec ses frères et sœurs. C'est Joe Kennedy qui leur apprend la nouvelle, avant de les exhorter à aller faire du bateau, jouer au foot et se dépenser. Ils obéissent tous, sauf John qui demeure un long moment immobile et va faire quelques pas seul sur la plage. A 27 ans, il devient l'aîné, celui sur lequel reposent tous les espoirs de sa famille.

Chez les Kennedy, on ne pleure jamais. Le patriarche se réfugie dans sa chambre et n'en sort plus. John dans une petite église où il peut méditer. Plus tard, ils apprendront que Joe junior ne devait pas participer à cette dernière mission mais qu'il s'était porté volontaire pour prouver que le sang des Kennedy était celui des braves, pour que son père soit fier de lui, fier de ce fils dans lequel il plaçait toutes ses ambitions.

Maintenant c'est sur John que Joe Kennedy reporte ses rêves de grandeur. Mais John hésite. Il veut écrire. Il envoie ses articles à des journaux et attend d'être publié. Ses maladies répétées lui donnent à croire qu'il n'a pas longtemps à vivre, aussi veut-il profiter de la vie au maximum et faire ce qui lui plaît. Engagé comme journaliste, c'est en effectuant un reportage à San Francisco sur la naissance des Nations unies qu'il découvre son intérêt réel pour la politique. Il se retrouve au milieu d'hommes politiques et de diplomates et se met à frétiller. Ce sont ces hommes-là qui font l'Histoire et tiennent le destin du monde entre leurs mains. Il est surtout fasciné par Churchill qu'il suit en Angleterre alors que son héros est en pleine campagne de réélection. Il écoute, pose ses habituelles questions, fait des pronostics sur l'issue de cette élection, voyage dans tout le pays pour prendre le pouls des Anglais. Il est heureux ! Il a découvert la politique.

Cette nouvelle passion ne l'empêche pas de collectionner les conquêtes. Partout où il passe, les filles s'offrent, et il choisit. Il a 28 ans, il est célibataire, c'est un héros, séduisant et riche. Il adopte toujours la même attitude : enchanté d'être entouré de belles filles, mais indifférent. Il se prête mais ne se donne pas. Et il ne changera jamais. A la fin de sa vie, une amie très proche lui

demandera : « As-tu jamais été amoureux ? » « Non »,
répondra-t-il. Puis après une longue pause : « Mais souvent intéressé... »

La guerre ne l'a pas changé. Elle ne lui a pas donné
envie de poser ses bagages et de fonder une famille.

A 29 ans, John se présente à sa première élection à Boston, comme candidat démocrate au poste de député du
11e arrondissement. Sa campagne est totalement finan-
cée (et achetée) par son père. Alors que sa sœur, Eunice,
a des doutes et demande au patriarche s'il croit en
l'avenir de son fils, Joe Kennedy balaie la question de
la main et répond : « En politique, ce n'est pas ce que
vous êtes qui compte, c'est ce que les gens croient
que vous êtes. » Et il annonce : « On va le vendre comme
une lessive. » Pour ajouter, plus tard, une fois son fils
élu : « Avec tout l'argent que j'ai investi, j'aurais pu faire
élire mon chauffeur ! »

Si le père dépense des millions pour la carrière de son
fils, John, lui, se montre plutôt avare. Il n'a jamais
d'argent sur lui et emprunte à droite et à gauche sans
jamais rembourser. Il développe la maladie des mil-
lionnaires qui redoutent que les gens ne voient en eux
qu'un porte-monnaie. Il garde ses vêtements jusqu'à
ce qu'ils soient usés et continue à se balader avec de
vieilles tennis délavées, voire des pantoufles. Il devient
désinvolte avec ses vieux copains, part en plein milieu
d'un dîner parce qu'il s'ennuie ou leur pose des lapins.
Est-ce la politique qui l'a changé ou l'intuition que sa

vie ne sera pas longue et qu'il n'y a pas une seconde à perdre ? Il est continuellement malade, sort d'un hôpital pour entrer dans une clinique et ses médecins font des diagnostics qui se révèlent tous aussi faux les uns que les autres.

Ses amis ne le reconnaissent plus. « Je sentais que je l'avais perdu en tant que personne et qu'il faudrait que je me contente du fait qu'il avait été autrefois mon ami. Ou alors il fallait être à sa botte et ça il n'en était pas question ! » raconte l'un de ses proches. Il n'a plus une minute à perdre, il faut qu'il investisse le temps qu'il lui reste pour se frayer un chemin en politique. Même si, pour cela, il doit renoncer à son idéal d'honnêteté, de générosité et de fidélité à ses amis. L'important pour John, comme en amour, c'est de conquérir les électeurs. Une fois les suffrages en poche, il se détourne et chasse ailleurs. Il a de hautes ambitions. Il est le plus jeune député d'Amérique. Il est en train de devenir un homme politique avec lequel il va falloir compter. Il sait qu'il n'a pas d'idées fortes à vendre, mais qu'il est un excellent tacticien. Il fait tout « à l'instinct ». L'important est de gagner, de battre les autres candidats, de s'imposer pour l'élection suivante et, graduellement, de s'élever jusqu'à la magistrature suprême : la présidence des États-Unis.

Il a compris qu'il incarne un type nouveau de politicien, décontracté, souriant et charmant. Il séduit les foules en se mettant en scène, en abandonnant le style ampoulé des autres hommes politiques. On a l'impression qu'il est « vrai ». Il colle parfaitement à son époque, où l'image devient plus importante que le message. Il parle le langage de l'homme de la rue et vend des idées qui font rêver. En cela, il est parfaitement moderne.

Quand on lui demande comment il voit son avenir, il répond qu'il « restera député un moment et verra bien ensuite de quel côté le vent souffle ». Il se verrait bien en sénateur, et puis pourquoi pas plus haut ? Il a tant de confiance en lui, il a tant d'énergie, tant d'humour qu'il se persuade qu'il y arrivera.

A partir de ce moment-là, il va tout ignorer pour se consacrer à ce qui est le plus important pour lui : la conquête du pouvoir et des femmes. Des femmes pour les jeter après usage, le pouvoir pour rendre au nom de Kennedy son prestige et sa grandeur. Il se vengera de l'indifférence de sa mère avec les premières et réalisera l'ambition de son père avec le second.

Voilà l'homme que Jackie a épousé. Celui qu'elle a choisi parce qu'il ressemblait tant à ce père qu'elle a adoré. Avec John, elle s'en est persuadée, elle va vivre un conte de fées...

VI

Si Jackie obtint la maison rose dont elle rêvait pour sa lune de miel, le conte de fées s'arrête là. John fuit les tête-à-tête, court les virées entre copains et les réceptions. Pire encore : il attire les femmes comme un ruban Scotch double face et Jackie le retrouve toujours au milieu d'un cercle de filles pâmées. Elle est bien obligée de constater que l'intimité romantique dont elle a rêvé ne figure pas au programme de John. Il répugne à être seul avec elle, et tous les moyens sont bons pour l'abandonner. Un jour qu'ils sont invités chez des amis de John, en plein voyage de noces, il la quitte sans rien dire et part voir un match de foot avec un copain. Elle est obligée de garder le sourire, de faire la conversation à son hôtesse sans rien montrer de sa déception et d'attendre qu'il revienne...

De retour à Washington, la situation empire. Ils n'ont pas de maison et habitent tantôt chez les Auchincloss, tantôt chez les Kennedy. Jackie ne supporte pas sa belle-mère, qu'elle trouve « écervelée et autoritaire ». Rose court dans la maison en éteignant toutes les lampes pour faire des économies, baisse les radiateurs, fait des marques sur les bouteilles pour que les domestiques ne la volent pas, refuse de chauffer sa piscine et va se baigner chez ses amies. Elle ignore sa nouvelle belle-fille ou lui lance des piques en permanence. Elle se moque de Jackie qui, lorsqu'elle fait pipi, laisse couler l'eau du bain pour qu'on ne l'entende pas, critique les longues douches qu'elle prend en arguant du prix de l'eau chaude et la relance sans cesse pour qu'elle participe aux jeux sportifs de ses enfants. Un jour que ces derniers se sont lancés dans une partie de foot échevelée et se livrent à de violentes mêlées, Rose entre dans le salon où Jackie est en train de lire et lui demande pourquoi elle ne sort pas prendre un peu d'exercice. « Il serait peut-être temps que quelqu'un dans cette famille exerce son cerveau plutôt que ses muscles ! » lui répond Jackie.

Jackie se venge, l'air de rien. Elle dort tard le matin, ce qui exaspère sa belle-mère, et refuse d'assister à certains déjeuners avec « des gens très importants », pour rester au lit et lire. Elle se moque de Rose et des aide-mémoire épinglés sur ses vêtements.

En revanche, avec le vieux Joe, c'est l'accord parfait. Avec elle, il évoque ses conquêtes. Elle aime la vitalité sexuelle de son beau-père qui lui rappelle son père. Il lui raconte en détail (et crûment) toutes ses liaisons, passées et présentes, car il continue à galoper derrière la première jupe qui bruisse. Il veut faire jeu égal avec ses fils. Être le premier, toujours et partout. Elle en rit avec lui. Mais elle le critique quand il s'en prend aux Juifs et aux Noirs, lui reproche d'avoir une vue simpliste des choses. Il n'y a pas les bons d'un côté et les méchants de l'autre. La vie est plus compliquée. Le gris, le trouble, les conflits intérieurs existent. Elle lui tient tête, il adore ça. Il aime quand elle le remet à sa place et déclare : « C'est la seule qui ait un peu de jugeote. » Ou lorsqu'elle le taquine sur son avarice. Par exemple, il n'a fait peindre que la façade de sa maison. « Les côtés et le dos, ce n'est pas la peine, personne ne les voit. » Il admire sa force, sa volonté de rester elle-même et de ne pas se faire dévorer par le clan. Ensemble, ils redeviennent gamins, se font des clins d'œil, pouffent ou se livrent à des batailles de côtelettes, bombardant les domestiques. Joe sera le seul à qui Jackie confiera ses désillusions conjugales.

Aux yeux de Jackie, les frères et sœurs de John sont des primates, de grands gorilles mal élevés et bruyants, cassant tout sur leur passage et ne respectant rien. Ils ne s'asseyent pas, ils s'effondrent sur leur siège ; ils ne jouent pas, ils s'étrillent ; ils ne parlent pas, ils hurlent ; un rien les fait éclater d'un rire strident, insupportable. Les filles regardent avec un léger mépris cette jeune belle-sœur qui se prend pour une femme, s'esclaffent dès que Jackie arrive avec une toilette neuve ou un cadeau raffiné pour John. Elles font comprendre à Jackie qu'elle n'appartient pas à leur monde. C'est vrai : Jackie méprise la compétition et le monde politique. Elle n'a jamais voté. Elle ne supporte pas les hommes qui entourent son mari et qu'elle appelle « les larbins de Jack ». Elle les considère comme des crétins qui le flattent et ne pensent qu'à profiter. Pour elle, John est au-dessus du lot. « C'est un idéaliste sans illusions », dit-elle de lui. John, lui, ne comprend pas qu'elle ne s'intéresse pas à sa passion. « Elle respire toutes les vapeurs politiques qui flottent autour de nous, mais n'a jamais l'air de les inhaler », remarque-t-il.

Il lui arrive parfois d'être maladroit avec elle en public. Un jour que la famille est réunie et qu'ils parlent, comme d'habitude, de politique, Jackie n'écoute plus et se retire dans son monde à elle. John est en train de se demander comment il va faire accepter l'image trop chic et trop française de sa femme à ses électeurs. Il se tourne vers elle et lui dit : « Le peuple américain n'est pas prêt pour comprendre quelqu'un comme toi, Jackie, et je ne sais pas comment on va faire. Je pense qu'il va falloir te faire passer d'une façon subliminale dans l'un de ces flashes télévisés de sorte que personne ne te remarque. » Jackie fond en larmes. Elle court dans sa chambre et s'y enferme. John est désolé, mais incapable d'aller la chercher et de lui faire des excuses. C'est une amie commune qui ira consoler Jackie et la fera revenir à table.

Jackie déteste aussi la politique parce qu'elle lui prend son mari. Elle comprend très vite que c'est une rivale plus dangereuse que toutes les filles qu'il culbute et jette aussitôt. John est un courant d'air, toujours entre deux voyages, deux campagnes, deux séances de travail. Et ses moments de loisir, il les consacre à... parler politique. Elle aimerait qu'il passe du temps avec elle, discute de choses qu'elle aime, elle. Or elle est toujours frustrée. Elle vit dans l'attente d'une heure ou deux d'intimité comme, petite, elle vivait dans l'attente des week-ends passés avec son père. Et quand il arrive, enfin, qu'elle s'apprête à déguster « son » moment avec lui, « ce fichu téléphone sonne. Sans arrêt au point que nous n'arrivons même pas à dîner ensemble. Mais si je lui demande de ne pas répondre ou si j'essaie de décrocher la première, c'est la bagarre. Je lui dis bien que j'ai l'impression de vivre à l'hôtel mais il ne comprend pas. Il me regarde de cette manière bien à lui et se contente de dire "mais ça me convient très bien !" ». Jackie broie du noir. La vie avec John se révèle être un parcours du combattant. Elle est loin de la Reine du cirque et de son beau trapéziste. Il ne tient pas en place et continue à vivre comme un célibataire.

« Je ne crois pas qu'elle se doutait de ce qui l'attendait en épousant JFK, rapporte Truman Capote, un intime de la famille. Elle n'était pas préparée du tout à une inconduite aussi flagrante : il l'abandonnait en pleine soirée pour aller flirter avec une belle ! Elle ne s'attendait pas davantage à devenir la risée des femmes de son entourage qui savaient comme tout le monde ce qui se passait. Tous les Kennedy mâles se ressemblent : ils sont comme des chiens, ils ne peuvent pas voir une bouche d'incendie sans s'arrêter pour lever la patte ! »

Jackie découvre tout cela. Elle avait pensé naïvement que, s'il l'avait épousée, c'était parce qu'il était décidé à changer de vie. Qu'il aspirait au même idéal qu'elle : « Une vie de famille normale avec un mari qui rentre tous les soirs à cinq heures et qui passe le week-end avec moi et les enfants que j'espérais avoir. » Elle découvre aussi qu'il est si peu discret qu'il entraîne ses meilleurs

amis dans ses débauches et que tout le monde est au
courant avant elle. Elle a l'impression de porter en permanence dans le dos un grand panneau avec COCUE
écrit dessus. Quand elle entre dans une soirée, les
femmes la regardent avec une lueur de fausse pitié dans
l'œil. Alors elle se redresse, les ignore et laisse dans son
sillage un je-ne-sais-quoi de hautain et de glacial. Elle
sait tout, joue les parfaites indifférentes. A l'intérieur,
elle écume de rage.

Le premier choc passé, elle essaie de se faire une
raison. Elle prend sur elle. Elle s'est entraînée, enfant,
à ne rien laisser paraître de ses sentiments. Cela a dû
lui coûter. Beaucoup verront dans cette tension perpé-
tuelle l'explication de ses nombreuses fausses couches.
Dès la première année de son mariage, elle perd un
bébé. Son médecin la prévient que, si elle ne se détend
pas, elle risque d'avoir du mal à garder un enfant. Elle
sait qu'elle déçoit John qui rêve d'avoir une grande
famille comme son père.

Mais lui non plus ne dit rien et se console en multipliant
les aventures. «Vivre chaque jour comme si c'était le
dernier», telle est sa devise. Il ne changera pas, c'est
donc à elle de s'adapter. Elle décide de s'investir dans
son rôle d'épouse, et de devenir la femme irréprochable
de l'homme le plus convoité du monde. Ainsi aura-
t-elle, peut-être, une chance qu'il la regarde et s'intéresse à elle. Jackie aime les défis. Ce n'est pas le genre
de femme à se laisser abattre.

Puisqu'elle ne peut pas approfondir leur relation, elle
va la décorer. Elle ne peut pas travailler, ni reprendre
son ancien métier. John ne supporterait pas une femme

indépendante, brillante, qui lui ferait de l'ombre. Elle se concentre sur les fenêtres à la française, les nuances de blanc cassé, le façonnage des rideaux, la hauteur des poufs, la qualité de la vaisselle, la forme des abat-jour, l'intensité des éclairages, le bois cérusé des bibliothèques, le dessin des tapis, la disposition des tableaux, l'alignement des photos dans leur cadre en argent. Et quand tout est parfait, elle recommence. Et plus tard, quand elle en aura les moyens, achètera maison sur maison. Maniaque, exigeante, l'ordonnance des détails l'apaise et l'empêche de penser à la direction que prend sa vie. Elle met sa personnalité sous scellés et décide d'être parfaite.

Elle y réussit, en apparence. Mais elle connaît aussi ces moments de violence terrible où elle se sent seule, niée, et où elle en veut au monde entier. Elle se regarde faire, s'écoute parler et se déteste : ce n'est pas elle, cette bourgeoise frénétique, cette caricature de femme du monde ! Comment en est-elle arrivée là ? Elle devient, alors, susceptible, odieuse, égoïste, rageuse comme une petite fille qui pique des caprices. Elle revit les trous noirs de son enfance et elle est incapable de les maîtriser. Elle perd le contrôle d'elle-même. Renvoie des domestiques sans motif, refuse de faire ce qu'on attend d'elle, reste couchée pendant de longues heures, se montre soudain altière et distante, décore et redécore inlassablement ses maisons et se venge en dépensant, dépensant sans compter. Bijoux, vêtements, chaussures, bas de soie, gants, pendulettes, tableaux, maisons, tout est bon pour la rassurer.

Et rien ne la rassurera, hormis ses enfants. Parce que

Jackie, plus intelligente et torturée que sa mère, que le tourbillon d'une vie sociale suffit à occuper, n'est pas dupe. Elle sait qu'elle s'étourdit parce qu'elle n'a pas le courage de prendre son destin en main. Elle est prisonnière de ses peurs d'enfant. Sa violence ne débouche sur rien. Elle n'osera jamais partir, trahir ou se venger parce que ce sont des choses qui ne se font pas et que, plus tragiquement, elle ne se fait pas confiance. Elle a peur de vivre seule. Elle reste toujours la petite fille ballottée, manipulée par papa et maman, qui ne sait plus quoi penser et se retranche derrière une belle indifférence.

Elle possède aussi cet orgueil insensé de ne pas vouloir avouer qu'elle s'est trompée. Qu'elle a épousé un homme pour de mauvaises raisons et que, maintenant, elle le paie. Reconnaître son erreur, c'est donner raison à ceux qui l'ont prévenue et qu'elle a éconduits. Reconnaître son erreur, c'est se retrouver au ban de la société. Elle préfère rester et endurer, les dents serrées quand elle est seule, découvertes en un large sourire automatique quand elle est en société. Jackie est à la fois une dure et une tendre. Elle a appris à faire face à la douleur, à sauver sa peau, mais elle ne peut s'empêcher de vouloir être aimée.

C'est ainsi que, longtemps, on ignora tout du drame intime qu'elle vivait. Elle imposa une image de couple uni et de bonheur. Elle joua à la perfection le rôle d'une bonne petite bourgeoise (tout ce qu'elle détestait). Il lui arriva de prononcer des phrases que sa mère aurait pu lui souffler : « L'essentiel pour moi était de faire ce que voulait mon mari. Jamais il n'aurait pu ou voulu épouser une femme qui lui aurait disputé la vedette. » En trahissant sa nature profonde, elle réussit à apparaître sans faille, à faire de son mari un être exceptionnel. Ce fut sa volonté, sa création à elle seule. Car John Kennedy, lui, ne prend aucune précaution. Il drague au vu et au su de tout le monde, rejoint des filles dans des hôtels, prend les noms des bonnes affaires que lui recommandent ses copains, les appelle, les convoque – plus tard, il leur donnera rendez-vous à la Maison-Blanche. Il s'est toujours comporté ainsi. Pourquoi changerait-il maintenant qu'il est marié ? Et puis, il n'est pas à l'aise avec une femme, coincé dans une maison. Il est enchanté de vivre chez ses parents ou ses beaux-parents parce qu'il n'a pas à affronter Jackie. Le dialogue n'est pas facile entre eux. Aucun des deux n'ose témoigner son amour à l'autre, parce que chacun se méfie des démonstrations d'affection. Ni l'un ni l'autre n'articule un reproche : on ne parle pas de ces choses-là. Alors Jackie souffre en silence, et John continue sa ronde sexuelle, bien conscient que cela ne le mène nulle part, mais incapable de se fixer. Si Jackie, au début de son mariage, paraît vulnérable, gauche, maladroite, obsédée par l'idée de faire bonne figure, John, lui, est toujours le gai luron d'antan qui cache sa frigidité affective sous un charme dévastateur.

Au début du printemps 1954, ils louent enfin une maison à eux, à Washington. Jackie respire. Même si John, toujours en déplacement, ne dort jamais plus de deux nuits de suite à la maison. Elle apprend les bonnes années du vin, lit des livres de cuisine (mais rate lamentablement ses recettes), choisit des cigares pour John (elle lui a fait découvrir le cigare pour continuer à consommer ses trois paquets de cigarettes par jour!) et ses costumes. «J'ai mis de l'ordre dans la vie de John, écrit-elle à une amie. Chez nous, la table est bonne et raffinée. Finies ses sorties le matin, chaussé d'un soulier noir et d'un soulier jaune. Ses habits sont repassés et il n'a plus à se ruer comme un fou à l'aéroport: je lui fais ses bagages.» Ses interventions ne se limitent pas au foyer. Elle suit les débats au Sénat, assiste aux discours de son mari, lit les pages politiques des journaux et répond aux lettres de ses électeurs. (Il est alors sénateur du Massachusetts.) Elle participe à des réunions politiques et aux thés des dames comme il faut de Washington. Toutes ces activités l'ennuient à mourir, mais elles font partie du statut de femme de sénateur. «Être à la table d'honneur, ne pas pouvoir fumer une cigarette, porter des bouquets ridicules à la boutonnière et écouter toutes ces vieilles badernes, ça me fait grimper aux murs! Pauvre Jack!»

Ce qui l'amuse davantage, c'est le cours d'histoire américaine auquel elle s'est inscrite à l'université de Georgetown. Elle ne veut pas passer pour une de ces femmes sans cervelle qui parlent confitures et travaux d'aiguille. Elle s'initie au bridge (parce que John y joue), entre à la Croix-Rouge des dames du Sénat et découvre l'art de faire des bandages. Elle apprend à son mari à parler en public, à se tenir sur une estrade, à respirer entre deux phrases. Elle se rappelle les conseils de son père et ses cours de théâtre à Farmington. Et John l'écoute, en élève appliqué.

Les circonstances ne vont pas tarder à montrer qu'elle

est devenue, en effet, parfaite. Les problèmes de dos
de John recommencent. Au début, il veut les ignorer
et progresse en grimaçant à l'aide de béquilles. Puis il
est obligé de se rendre à l'évidence : il ne peut plus
marcher. Il est hospitalisé une première fois. Puis une
seconde. Jackie se tient à ses côtés et se révèle une
infirmière courageuse. Son mari est ébahi. « Ma femme
est une fille timide et silencieuse mais lorsque les choses
tournent mal, elle sait se comporter. » John Kennedy a
raison. Jackie est une petite fille fragile dans les détails
de la vie quotidienne, mais quand la situation l'exige
c'est une dure. C'est dans l'épreuve qu'elle se révèle.
Elle parle d'une petite voix feutrée et douce, mais ses
souhaits sont des ordres. Pendant les longs mois que
dure la maladie de John, c'est elle qui prend les choses
en main et lui tient la tête hors de l'eau. Il souffre,
s'ennuie, tempête ? Elle le soigne jour et nuit et l'encourage. L'aide à s'alimenter. Elle l'a enfin pour elle
toute seule. Il dépend d'elle. Comme un enfant. Allongé
à plat sur le dos, Kennedy n'arrive pas à dormir, ni
à lire. Jackie lui fait la lecture, lui suggère d'écrire un
livre dès qu'il pourra se redresser. « Ce projet lui a
sauvé la vie, dira Jackie, il l'a aidé à canaliser toute son
énergie tout en le distrayant. »
Le livre s'appellera *Profiles in Courage* et sera un succès
de librairie. Jackie y est pour beaucoup. Elle s'est chargée de la documentation, elle a pris des notes, l'a aidé
à construire son plan, a lu et relu le manuscrit d'un œil
critique. L'ouvrage obtient le prix Pulitzer, ce qui fait
scandale. On murmure en effet que les chiffres de
vente sont truqués par le père Kennedy qui fait acheter

des milliers d'exemplaires pour propulser l'ouvrage en tête de la liste des best-sellers. Selon une autre rumeur, John ne serait pas l'auteur du livre. John prend un avocat pour se défendre et l'affaire est enterrée.

Après six mois d'immobilité, John retourne à son siège de sénateur. Il refuse de porter un corset, d'utiliser des béquilles ou une chaise roulante. Il souffre le martyre mais n'en montre rien. Il a une telle énergie qu'il apprivoise la douleur et finit par l'oublier. « Un jour que j'avais examiné John, raconte son médecin, Jackie me demanda s'il existait des piqûres qui supprimaient la douleur. Je répondis que oui, mais que cela supprimerait aussi toute sensation en dessous de la taille. Jackie fronça les sourcils et John dit en souriant : "Nous n'allons pas faire ça, hein, Jackie ?" »

Truman Capote se souvient très bien d'elle à cette époque. « Elle était à la fois naïve et fine mouche, beaucoup plus fine que la plupart des femmes d'hommes politiques. Elle ne supportait pas ces créatures. Elle brocardait leur manque de chic et leur dévotion aveugle à la carrière de leurs maris. "Quelles gourdes !" disait-elle. La supériorité de Jackie tenait à son éducation new-yorkaise, à sa fréquentation des meilleures écoles et à ses voyages à l'étranger. Elle avait plus de flair, de goût et d'imagination. Nous nous voyions au bar du Carlyle, où j'écoutais toutes ses histoires de famille. Le jour où elle avait emmené sa demi-sœur, Nina, acheter son premier soutien-gorge. La fois, où, des années plus tard, lors du mariage de Nina, elle était entrée tout habillée dans une baignoire vide pour une démonstration de douche vaginale. ("Il vaut mieux se

A 6 ans, avec son père, Black Jack, à un concours hippique. C'était la photo favorite de Jackie.

Une petite fille de 4 ans aux yeux pétillants de vie, à l'air décidé. C'était avant le divorce de ses parents...

Jackie, à 10 ans, avec sa mère, Janet, et sa sœur Lee. Son regard est triste et abattu.

A 18 ans, Jackie fait son entrée dans le monde avec une robe achetée aux puces de New York.

Le 12 septembre 1953, Jacqueline Bouvier épouse le célibataire le plus convoité des États-Unis : le jeune sénateur John F. Kennedy.

Ils sont jeunes, ils sont beaux : ils font rêver l'Amérique...

John, Jackie et Caroline à la Maison-Blanche : la légende se fige dans l'Histoire.

Sur le perron de l'Élysée, en 1961.
Le général de Gaulle tombe sous le
charme de Jackie.

Entre André Malraux et Jacqueline
Kennedy, une amitié qui ne se
démentira jamais.

En 1961, Jackie rejoint sa sœur Lee (à sa droite sur la photo), en vacances en Grèce.

Le salut de John-John au passage de la dépouille mortelle de son père. Une image qui restera gravée dans toutes les mémoires.

Jackie et Aristote Onassis : et s'ils s'étaient vraiment aimés ?

Jackie en 1971, dans la rue à New York, poursuivie par un photographe.

servir de vinaigre, de vinaigre blanc, conseilla-t-elle. Et si on ne fait pas attention à la dilution, on peut se brûler.") Imaginez Eleanor Roosevelt, Bess Truman ou Mamie Eisenhower traiter du bel art de la douche vaginale ! »

C'était l'autre face de Jackie. Quand elle se sentait à l'aise, en confiance. Elle devient alors drôle, libérée, crue même. Elle va voir en cachette des films porno, mais se bagarre avec un photographe qui la surprend à la sortie d'un cinéma de New York.

Comme beaucoup de gens désabusés et malheureux, elle a un sens de l'humour aigu et ne se prive pas d'envoyer des piques à John. Il n'est pas habitué mais adore la façon dont sa femme l'épingle. Un jour qu'il assiste, en smoking blanc, à un cocktail donné en l'honneur du vieux Churchill, dont il essaie désespérément d'attirer l'attention, elle lui glisse à l'oreille en pointant le doigt sur sa veste blanche : « N'insiste pas, il doit te prendre pour un extra ! »

Un autre jour, alors qu'il est en train de lire allongé sur un canapé, elle le soupçonne de s'être assoupi et lui demande : « Tu dors ? – Non, pourquoi ? – Parce que je ne voyais plus ton doigt bouger... » Il éclate de rire. Il aime ce côté copain de Jackie, qui ne le dévore pas des yeux mais le bombarde de vannes. Il ne sait pas que c'est sa manière à elle de déguiser sa peine et sa frustration. Elle ne sait pas pleurer : elle va donc rire.

Début 56, Jackie est heureuse : elle attend un bébé. 1956 est aussi l'année où John Kennedy brigue, sur un coup de tête, la vice-présidence à la convention démocrate. Enceinte de sept mois, elle se retrouve propulsée dans la foule, en train de serrer des mains et de sourire à des centaines d'inconnus qui se pressent contre elle. Elle se trouve « timide et gauche ». Elle qui est allergique à toute familiarité, qui ne supporte pas qu'on l'approche de trop près, qu'on la touche ! Elle ravale son dégoût. Pour Jackie, toute personne qui tente d'envahir son intimité est un danger. Être près signifie qu'on va lui faire mal. C'est elle qui décide d'être familière avec les gens, elle qui accepte de réduire la distance, quand elle le veut avec qui elle veut. Elle peut donner des cours de douche vaginale avec un grand naturel à sa demi-sœur : elle sait que Nina Auchincloss ne lui fera pas de mal. Sinon, elle se retire dans sa tour d'ivoire. Un contact direct, un ordre aboyé, une manière cavalière de s'adresser à elle sont perçus comme une intrusion insupportable. Elle se cabre, se rebiffe et devient hostile. Elle préfère offrir des cadeaux somptueux qu'entre-bâiller son cœur.

John échoue de peu et part aussitôt avec Ted se reposer sur la Côte d'Azur, où il retrouve son père. Il abandonne Jackie, enceinte de sept mois. Avec Ted, il loue un yacht sur lequel ils embarquent starlettes et conquêtes. C'est là qu'il apprendra, trois jours après la tragédie, que Jackie a accouché d'une petite fille mort-née. « Il était vaguement contrarié », racontera un témoin. Son frère Bob s'occupe de Jackie et de l'enterrement du bébé. John hésite à quitter sa croisière. Un copain l'y oblige. « Je te conseille de te magner le cul et d'aller rejoindre ta femme, si tu veux avoir une chance d'être un jour Président. »

Cette fois-ci, le ménage est en crise. Jackie s'est retrouvée seule pour tout assumer. Seule, furieuse et désespérée. Elle craint de ne plus jamais avoir d'enfant. Elle ne supporte plus les femmes Kennedy, ces « machines à faire des bébés ». « Il suffit de la remonter pour qu'elle tombe enceinte », dit-elle au sujet d'Ethel, la femme de Bob. Elle déteste la politique. Elle déteste le clan Kennedy. Elle déteste son mari. Elle demande le divorce.

On raconte que le vieux Joe lui aurait proposé un million de dollars pour qu'elle reste. A quoi elle aurait rétorqué : « Pourquoi pas dix ? » Vrai ou faux ? Ce qui est sûr, c'est qu'elle posa ses conditions : ne plus subir la pression du clan Kennedy, vivre à part et avoir John pour elle toute seule les rares fois où il est à la maison. Il ne doit même pas répondre au téléphone pendant le dîner !

C'est avec Joe qu'elle traite. John et elle ne se parlent plus. Jackie trouve qu'il s'est comporté lamentablement en l'abandonnant. John, une fois de plus, bien que déçu et désenchanté, est incapable d'avoir un geste de tendresse envers Jackie. Elle s'enferme dans sa désillusion, il se replie sur lui-même. Il la regarde pleurer, demeure muet, n'arrive pas à la prendre dans ses bras. Il s'enfuit ou s'endort profondément. Il est paralysé face à la douleur de sa femme. Il n'a pas le mode d'emploi. On ne lui a jamais appris à avoir de la compassion, de la tendresse pour qui que ce soit ; il connaît les bourrades avec ses copains, les vannes, les beuveries, mais tout sentiment réel lui est étranger. C'est un infirme du cœur.

Pour oublier sa douleur, Jackie fait n'importe quoi.

Elle boude des heures durant pour provoquer John. Elle choque délibérément sa belle-mère, passe son humeur sur le premier venu et déclare à la tribu qu'elle ne les supporte plus. «Vous autres Kennedy, vous ne pensez qu'à vous! Qui d'entre vous a jamais pensé à mon bonheur!»

Grâce à Joe Kennedy, le couple se réconcilie. Il leur achète une nouvelle maison à Washington et John donne carte blanche à sa femme pour la décorer. En mars 1957, Jackie tombe à nouveau enceinte. Elle décide cette fois de se ménager et de ne penser qu'au bébé.

Mais une nouvelle tragédie l'attend. Son père se meurt d'un cancer du foie. Bouleversée, elle se rend à son chevet à New York mais arrive trop tard. Black Jack est mort. Son dernier mot avant de mourir aura été «Jackie». Il avait 70 ans et payait une vie d'excès. Jackie est torturée par le remords. Absorbée par ses problèmes, elle a négligé son père depuis qu'elle est mariée. Pour la ménager, on l'a tenue dans l'ignorance de la réalité. Elle n'a pas su que son père était malade. L'office funèbre sera célébré dans la cathédrale Saint-Patrick à New York, dans la plus stricte intimité. Jackie a choisi des paniers d'osier blancs remplis de fleurs multicolores. Avant qu'on ne referme le cercueil, elle glisse au poignet de son père une gourmette en or qu'il lui avait offerte.

«Dans l'assistance, il y avait sept ou huit anciennes belles de Jack Bouvier. Personne ne les avait prévenues : elles étaient venues d'elles-mêmes, raconte Edie Beale, la cousine de Jackie. Jackie ne versa pas une larme. Elle n'exprimait jamais rien.»

VII

Caroline naît quatre mois après la mort de Black Jack, le 27 novembre 1957. Selon son père, elle paraît « aussi costaud qu'un lutteur japonais ». John est libéré par cette naissance si attendue. Il avait fini, quand même, par se demander s'il n'était pas le seul responsable des fausses couches de Jackie. Jackie resplendit. Elle a découvert qu'il n'y avait rien de plus beau au monde que de donner naissance à un enfant. Elle oublie son ressentiment envers John et se laisse aller à être heureuse. Elle a, enfin, un petit être à elle, qui ne la menace pas et qu'elle va pouvoir aimer sans craindre d'être trahie. Et surtout, elle va être utile. Les enfants lui donneront toujours envie d'aimer, de s'ouvrir aux autres et de donner. Ils lui procureront une identité. En ce 27 novembre 1957, elle est heureuse, généreuse et détendue. Elle offre en cadeau de Noël à son mari une sublime Jaguar blanche qu'il s'empresse de changer contre une Buick, parce qu'il la trouve trop tape-à-l'œil.
John est reparti en campagne : il brigue un second man-

dat de sénateur. Il désire que Jackie fasse campagne avec lui. Faire campagne signifie serrer des mains, se faire taper dans le dos, écouter les plaintes des électeurs et paraître totalement absorbée par leurs propos comme si l'on écoutait une conférence sur les pyramides de Louxor. C'est peu de dire que Jackie est une néophyte. Mais elle fait des efforts. Elle lance son style. Elle n'essaie pas de s'extasier sur le moindre bébé qu'on lui tend, ni de faire plaisir à tout le monde. Le public sent qu'elle ne triche pas et il aime ça. Lorsqu'elle accompagne John dans un meeting, il y a deux fois plus de monde. Ils veulent tous la voir. John se rend compte que sa femme est un atout politique. Elle parle italien, espagnol et français et peut s'adresser à toutes les minorités comme si elle était née dans leur quartier. L'image que donnent John et Jackie émeut les foules. Ce que les gens amassés sur leur passage ne savent pas, c'est que Jackie lit *A la recherche du temps perdu* ou les Mémoires du général de Gaulle en français, tapie dans la limousine de son mari, quand elle est lasse de faire semblant. Ils ignorent aussi que, bien souvent, quand John conduit et salue les foules de la main, elle glisse sous le tableau de bord pour ne pas être obligée d'en faire autant.

John découvre d'autres qualités de sa femme pendant cette campagne. Elle sait juger les gens, repère les tocards, conseille John et lui donne des coups de pied sous la table quand il s'emporte avec des journalistes qu'il devrait ménager. Elle a une excellente mémoire visuelle : une fois qu'on lui a présenté quelqu'un, elle ne l'oublie plus.

Leurs efforts sont récompensés : John Kennedy obtient un score éblouissant que tous les journaux s'empressent de répercuter. Jackie a eu raison de s'entraîner, car l'élection présidentielle approche et Joe Kennedy a décidé de lancer son fils dans la bataille contre Nixon. Quand on demande à John ce qu'il en pense, il répond, très sûr de lui : « Non seulement je vais me présenter, mais je vais gagner. »

C'est Joe Kennedy qui va tout orchestrer dans les coulisses. Joe qui, le premier, utilise les sondages, outils précieux pour mesurer la progression de son fils dans l'opinion publique. Joe qui convie Sinatra et le Tout-Hollywood pour donner du brillant à la candidature de John. Joe qui achète un avion privé pour que son fils soit partout, qu'il multiplie les meetings. Joe encore, qui, réfugié dans son bunker, étudie les sondages, les scores des autres candidats et ajuste le tir.

Jackie fascine les foules. Un journaliste qui suit la campagne assiste, étonné, à « l'effet Jackie ». « Les gens se sont identifiés à la Princesse. Il était clair qu'ils voulaient Jackie. Ils avaient une lueur émerveillée dans le regard quand ils la voyaient. Ils étaient en quête d'une image aristocratique. » Jackie joue le jeu, mais elle n'est pas à l'aise. Elle s'éclipse dès qu'elle a fait son service minimal, développant ainsi un mystère qui la rend encore plus attirante et attendue. Elle n'essaie pas d'être populaire à tout prix. Elle admet publiquement qu'elle ne connaît pas grand-chose à la cuisine, que Caroline a une nurse, qu'il lui arrive de porter des robes de chez Givenchy ou Balenciaga, que d'ailleurs elle aime beaucoup les couturiers français, et que, si elle fait campagne aux côtés de son mari, c'est que c'est le seul moyen de le voir! Pat Nixon, soudain, ressemble à une vieille ménagère défraîchie, avec sa permanente roulée serré, ses robes en acétate imprimé et sa poudre de riz blafarde.

Jackie a appris depuis sa dernière campagne. Appris à serrer des milliers de mains, à fendre la foule, à monter sur une estrade, à voyager avec trois robes, un fer à repasser et un collier de perles, à donner des interviews à la télévision et à parler dans les supermarchés. Sa curiosité naturelle la pousse à explorer l'Amérique profonde. Elle aime s'aventurer dans des petites églises pour parler de son mari avec les fidèles. David Heymann raconte qu'un jour elle s'aventure, seule, dans une église de Noirs et tarde à rentrer. John s'inquiète et va la chercher.

« Comment ça s'est passé, Jackie ?

– Très bien. J'ai rencontré le plus délicieux des prêtres de la plus délicieuse église noire et il m'a dit qu'il avait des problèmes d'argent. Alors je lui ai donné 200 dollars.

– C'est gentil, en effet... » Il marque une pause, puis s'écrie : « Nom de Dieu ! Ce n'était pas mon argent, au moins ? »

John est toujours aussi pingre et Jackie toujours aussi dépensière. « Elle me casse le cul avec ses dépenses ! » hurle-t-il. Mais rien ne peut empêcher Jackie de dilapider. Cela la rassure d'avoir des penderies qui débordent, une maison bien décorée, des gravures et des tableaux sur les murs. John, lui, s'en fiche complètement. Il ne voit que l'argent envolé, et c'est souvent Joe Kennedy qui paie les folies de Jackie.

Plus John approche de la candidature suprême, plus il court les filles. Les hommes des services secrets, qui désormais l'accompagnent partout, ne savent plus où donner de la tête. Son copain Sinatra est là qui lui arrange des parties fines entre deux meetings. Et surtout, surtout il a rencontré Marilyn ! Marilyn qui vient de se séparer d'Arthur Miller, de rompre avec Montand, et se cherche un nouveau Prince charmant. Marilyn qui avoue en roucoulant qu'elle fait du bien au dos de John. Elle est folle de lui, rêve d'être la femme du Président, de porter ses enfants, lui envoie des poèmes. Dès que Jackie boude un déplacement, Marilyn arrive en cachette et occupe la chambre de John. Les rumeurs d'une liaison parviennent aux oreilles de Jackie, qui décide de faire la grève et de ne plus paraître en public. Quand, plus tard, la plus voluptueuse des stars lui téléphonera et lui annoncera qu'elle est amoureuse de son mari, Jackie lui répondra qu'elle lui laissera sans problème la place et les obligations d'une First Lady.

Jackie ne se montre plus. Elle a une bonne excuse : elle est enceinte. Des émissaires sont envoyés pour la faire changer d'avis. Après de longues négociations, elle accepte, mais pour un nombre limité d'apparitions. Le soir du fameux débat télévisé avec Nixon, John Kennedy est nerveux. « Trouvez-moi une fille », demande-t-il. Son entourage lui arrange une rencontre éclair dans un placard. Il émerge un quart d'heure plus tard, avec un sourire jusqu'aux oreilles, et apparaît sûr de lui et détendu face à un Nixon crispé.

Marilyn ne lui suffisant plus, il entreprend Angie Dickinson, qui succombe. En sa compagnie, il fera de petites escapades durant les trois mois qui suivront son élection, juste avant son entrée en fonctions [1].

Le 9 novembre 1960, lorsqu'elle se réveille à sept heures du matin, Jackie Bouvier Kennedy est première dame des États-Unis. Elle a 33 ans, c'est la plus jeune First Lady de l'histoire américaine, la femme la plus en vue d'Amérique. Quand elle apprend la nouvelle, elle félicite John d'un « oh ! mon lapin, ça y est ! Tu es Président », puis ne cesse de se tordre les mains et de se ronger les ongles à l'idée de ce qui l'attend. Étrangère à l'agitation et à l'enthousiasme qui l'entourent. Le piège se referme, pense-t-elle. Puis elle se reprend et redescend sur terre. Elle sait que chacun de ses gestes, chacune de ses humeurs vont être épiés, disséqués, interprétés, et qu'on ne va rien lui pardonner. On attend d'elle la maturité, la sagesse d'une vieille First Lady, elle qui a du mal à s'ajuster chaque jour à la progression fulgurante de son mari, elle qui ne rêve que d'une chose : être avec Caroline, galoper seule sur sa jument, étudier ses livres d'art et d'histoire ou se balader nu-pieds en jean ou en jodhpur. Loin de l'enchanter, cette nouvelle situation fait naître chez elle une autre angoisse qui, désormais, ne la quittera plus : sa famille et elle ne sont plus en sécurité. « Nous ne sommes que des cibles sur un stand de tir », répète-t-elle. Elle a raison : il y aura plusieurs tentatives d'assassinat contre John dans les mois qui suivront son élection. Toutes seront déjouées, et, surtout, lui seront cachées.

---

1. En Amérique, le Président, s'il est élu en novembre, n'entre véritablement en fonctions qu'au mois de janvier, c'est-à-dire trois mois plus tard.

Et puis, il y a les journalistes qui n'arrêtent pas de la harceler pour faire des reportages sur elle, sa maison, ses secrets de beauté, sa collection de chaussures... Autre intrusion qu'elle ne supporte pas. Elle n'est pas à leur service et n'a rien à vendre. Elle répond à chaque journal par écrit, essayant de faire comprendre sa lassitude. « De grâce, pas de nouvelles épreuves photographiques ! Jack Lowe [1] et moi avons déjà fait trois séances ensemble, à changer de vêtements, à changer de lumières, à chercher un joli paysage, à essayer de faire sourire le bébé, et je suis sûre qu'il n'a pas plus envie que moi de recommencer ! » Ou encore : « J'aimerais pouvoir vous dire que je suis ravie ou bien que je viens de passer sous un autobus, et que je ne peux paraître devant les photographes pendant un mois. Ce sont des articles merveilleux mais, si ça ne vous contrarie pas trop, je pense que je ne vais pas participer à un nouveau reportage si tôt pour révéler mes tragiques secrets de beauté et ma garde-robe désorganisée. Je dois constamment me prêter à des articles politiques avec Jack, c'est inévitable, mais je me sens toujours gênée ; évidemment, si je savais faire le mannequin, j'adorerais ça, mais je ne sais pas ; je suis sûre que vous comprendrez que je ne suis pas tentée d'essayer... »

Elle se résigne à être First Lady mais refuse de se mettre à la disposition des gens. Un jour, un ami lui a dit : « Tu sais, quand tu seras la femme du Président,

---

1. Le photographe. Il fit toute une série de photos de Jackie que John Kennedy apprécia au point d'en faire les photos officielles de Jackie.

tu ne pourras plus sauter dans ta voiture et courir chasser le renard.

– Tu as tort! C'est une chose que je n'abandonnerai jamais.

– Mais il va bien falloir que tu fasses quelques concessions à ton rôle!

– Oh! Bien sûr, j'en ferai... Je porterai des chapeaux. »

Alors qu'elle est à trois semaines de la date prévue pour son accouchement, Kennedy décide de partir avec des copains en Floride. Cette nouvelle désertion si près de la naissance la remplit de peur et de fureur. Une fois de plus, il la délaisse. Elle hurle, tempête, le traite de tous les noms, mais John ne l'écoute pas et fait ses valises. Il est dans l'avion quand un appel lui parvient : Jackie a ressenti des douleurs prématurées et a été transportée d'urgence à l'hôpital. Sur le brancard qui l'emportait, elle a pourtant demandé crânement qu'on ne prévienne pas son mari. John fait aussitôt demi-tour en murmurant : « Je ne suis jamais là quand elle a besoin de moi... »

Le 25 novembre 1960, la famille s'agrandit avec la naissance de John Fitzgerald Kennedy junior, né avec trois semaines d'avance. Jackie rayonne. Elle a conjuré le sort pour la deuxième fois! Les époux terribles font à nouveau la paix au-dessus du berceau de leur petit garçon baptisé John et aussitôt surnommé John-John. De toute façon, pense Jackie, l'ère des disputes est terminée, celle de la Maison-Blanche a commencé. Qu'ils le veuillent ou non, ils sont liés par quelque chose qui les dépasse et qui s'appelle l'Histoire. Et l'Histoire, justement, Jackie a décidé de s'en emparer. Elle veut faire de la présidence de son mari une époque qui marquera un tournant pour l'Amérique.

Première étape : la Maison-Blanche. Elle s'y rend, invitée par Mme Eisenhower. Et en revient épouvantée. « On dirait un hôtel qui aurait été décoré par un magasin de meubles en gros avant les soldes. Il y a du pain sur la planche ! » confie-t-elle à sa secrétaire. Habité depuis huit ans par les Eisenhower, qui n'ont guère le goût des beaux intérieurs, l'endroit ne brille pas par son faste. Les appartements privés sont en piteux état, le plâtre écaillé, les tapis tachés, les papiers peints décollés, les tentures en lambeaux.

Deuxième étape : Jackie elle-même. Elle se veut aussi élégante que si « Jack était Président de la France ». Elle charge sa sœur Lee d'aller chercher chez les couturiers français ce qu'il y a de mieux et de le lui faire parvenir. En attendant, elle fait défiler chez elle tout ce qui compte dans la mode américaine et élit un couturier : Oleg Cassini.

Troisième étape : animer et faire briller la Maison-Blanche, pour en faire la plaque tournante des Arts et des Lettres du monde entier. Si la politique ne l'intéresse pas, elle a le sens de l'Histoire et entend bien laisser une trace du passage de John. Elle est comme un metteur en scène que le moindre détail intéresse, parce qu'il s'imprime dans un grand tableau qui deviendra une fresque.

Pendant les trois mois qui séparent la prestation de serment du nouveau Président de son entrée en fonctions, Jackie va travailler dur sur son programme. Retirée dans sa chambre, dans la propriété de ses beaux-parents à Miami, elle écrit les invitations pour le jour de l'inauguration, organise les allées et venues des voitures et des cars chargés de transporter les invités, lit et relit l'histoire de la Maison-Blanche, cherche des documents historiques, fait des plans pour la décorer, pour lui rendre son prestige, dessine la robe qu'elle va porter pour le bal de l'inauguration.

Un jour, alors que Rose Kennedy tambourine à sa porte en lui demandant de descendre déjeuner, Jackie ne répond pas. Au bout d'un moment, ulcérée, Rose s'en va trouver la secrétaire de Jackie et lui demande : « Est-ce que vous savez si elle va sortir de son lit, aujourd'hui ? » Et pourtant, elle ne traîne pas au lit, ni en bavardages inutiles au téléphone. Elle va droit au but et rédige des notes sur tout ce qu'il lui reste à faire. Comme sa belle-mère, elle va devenir la championne des mémos laissés sur son passage. Cette obsession du détail est chez elle aussi une manière de s'absorber et d'oublier le reste.

John, lui, travaille avec ses conseillers sur la constitution de son gouvernement, sur son discours d'investiture, sur l'idée de « nouvelle frontière ». Et sur son poids. Il a beaucoup grossi pendant la campagne. Devant son essaim de secrétaires confites en dévotion, il raconte qu'il va lui falloir maigrir ou annuler toutes les cérémonies prévues pour son entrée en fonctions.

Le jour de l'investiture, le 20 janvier 1961, sera un jour étrange. Stephen Birmingham l'évoque même comme un jour sinistre, plein de tensions. Il fait un froid glacial (moins 10°). La veille, une tempête de neige s'est abattue sur Washington et toute la ville a été bloquée. Outre la prestation de serment de John, un déjeuner officiel puis un thé familial et six bals attendent Jackie. Il va lui falloir apparaître chaque fois comme une créature éblouissante, enchantée d'être là et disponible pour tous. Les familles, qui ne s'entendent pas, vont se trouver réunies. Du côté de Jackie, ils sont tous républicains et aucun n'a voté pour John. Pour les Kennedy, c'est le triomphe de la tribu. Ils ne vont pas manquer d'écraser tout le monde de leur morgue et de leur assurance. Rien que d'y penser, elle est déjà épuisée.

La journée sera, en effet, bizarrement lugubre et tendue. Il n'y en a que pour les Kennedy, qui font bande à part et n'adressent la parole à personne. Les Bouvier snobent les Lee [1] et les Kennedy, les Auchincloss détestent les Kennedy et les Bouvier, qui eux, en veulent aux Auchincloss... Scénario habituel dans de nombreuses familles mais il ne s'agit pas de n'importe quelle réunion familiale. Les observateurs, les journalistes sont là qui rôdent, à la recherche du moindre détail croustillant.

Le matin, John fait un vibrant et brillant discours après avoir prêté serment mais sans embrasser sa femme, comme le veut la tradition. La parade militaire a lieu sous une pluie glaciale et John se tient debout pendant six heures, sans manteau ni écharpe. Au bout d'un moment, Jackie s'éclipse et se réfugie à la Maison-Blanche où elle avale une pilule pour dormir en attendant les bals.

Ses proches piétinent dans le salon en se demandant ce que fait « la Princesse ». Elle devait prendre le thé avec

---

1. La famille de Janet.

eux. C'était prévu. Ils sont venus de tout le pays pour la féliciter. Mais Jackie dort ; elle a donné l'ordre aux huissiers de la Maison-Blanche de ne la déranger sous aucun prétexte. Sa mère parvient à tromper la surveillance et vient relancer sa fille dans sa chambre. « Enfin, Jackie, ils t'attendent tous ! C'est un grand jour pour eux ! » C'est un grand jour pour elle aussi et elle ne descendra pas, elle veut dormir et se reposer pour l'épreuve du soir. Elle se faufile dans ses draps et s'endort.

Jackie ne s'expliquera jamais sur son attitude. Était-ce la fatigue ? Six semaines auparavant, elle avait accouché de John, une naissance longue et difficile (il fallut faire une césarienne). Était-ce pour se détendre avant la soirée épuisante qui l'attendait ? S'était-elle disputée avec John ? Elle avait appris, le matin même, que sa dernière conquête, Angie Dickinson, était en ville, invitée aux cérémonies. L'enseignement de son père lui revenait-il en tête ? Fais-toi désirer, ma belle, ma toute belle, ne laisse jamais penser aux gens que tu es d'un accès facile. Ou encore tout simplement la peur d'affronter les Lee, les Auchincloss, les Bouvier et les Kennedy et leurs vieilles querelles de famille ?

Et si, en pleine apothéose, Jackie avait été saisie d'un de ces accès de panique, un de ces moments de dépression où un gouffre s'ouvre devant elle, la laissant errante et titubante sur le bord ? Pendant trois mois, elle a joué à être la femme du Président des États-Unis, elle a fait des plans, dessiné des croquis pour la Maison-Blanche, pour ses robes, pour les chambres des enfants. Maintenant, elle l'est pour de bon et elle se recroqueville à l'idée de tout ce qui va changer dans sa vie. Elle a besoin du silence et de l'obscurité de sa chambre pour reprendre des forces.

Le soir de l'investiture, Jackie fait son apparition, telle une fée. Dans une robe blanche brodée d'argent et de strass, couverte par une cape blanche qui lui tombe jusqu'aux pieds. John est ébloui par la beauté de sa femme. « Ta robe est superbe. Tu n'as jamais été plus belle », lui dit-il alors qu'elle descend le grand escalier de la Maison-Blanche. Elle lui prend le bras et, impériale, l'accompagne aux différentes cérémonies.

Ils iront de bal en bal, si jeunes, si beaux, admirés, applaudis. Puis Jackie rentrera, seule, à la Maison-Blanche, tandis que John ira finir la nuit chez un copain qui a fait venir pour lui une demi-douzaine de starlettes de Hollywood.

VIII

« La Maison-Blanche était d'un inconfort pour le moins
surprenant, raconte David Heymann. Jackie s'aperçut
que sa douche ne fonctionnait pas et que la chasse d'eau
était cassée. Il n'y avait ni corbeilles à papier ni bibliothèques. "Eisenhower ne lisait pas ?" demanda Jackie. »
Les cheminées enfument les pièces si l'on y fait du feu,
les fenêtres ne s'ouvrent pas. Jackie fait l'inventaire et
arpente les couloirs de sa nouvelle demeure, en pantalon et mocassins. Elle ne porte ni maquillage ni
robe quand elle n'y est pas obligée. Elle s'assied par
terre, envoie promener ses chaussures, prend des notes
sur tout, tripote ses cheveux, mange ses ongles ; le personnel regarde, interloqué, cette nouvelle occupante
qui relègue Mamie Eisenhower parmi les fantômes.
« Comment peut-elle voir, avec tous ses cheveux dans
la figure ? » demande la vieille gouvernante en chef.
Bref, c'est ce qu'on appelle un changement de style.
Jackie travaille et entasse les notes : « Les 18 chambres
et 20 salles de bains du deuxième étage doivent être
nettoyées ; les 147 fenêtres entretenues ; les 29 chemi-

nées prêtes pour une flambée; les 412 poignées de porte astiquées; les 1 000 mètres carrés de parquet cirés; les 2 500 mètres carrés de marbre lavés et relavés; les moquettes et tapis passés à l'aspirateur trois fois par jour et les 37 pièces du rez-de-chaussée époussetées deux fois par jour... »

Les draps des lits doivent être changés deux fois par jour et les serviettes de bain trois fois par jour! En un mois, elle épuise le budget annuel d'entretien de la Maison-Blanche et demande une rallonge. Elle suspend les visites du public à la Maison-Blanche afin que les travaux de rénovation puissent avoir lieu. Les appartements privés sont redécorés dans la plus pure tradition française, et les décorateurs se succèdent à une cadence infernale. Jackie écoute et c'est elle qui décide. Elle repeint tout en blanc avec des lisérés bleus, verts, rouges. Dispose des tableaux sur tous les murs. Veille à ce qu'il y ait des bouquets partout et un feu prêt à flamber dans chaque cheminée. Elle court, volte et virevolte dans les couloirs de l'auguste maison, donnant le tournis à tout le monde. Quand elle n'est pas sortie la veille, elle se lève à huit heures. Sinon, elle dort jusqu'à midi. Si elle exige la plus grande ponctualité de son bataillon de factotums, elle se laisse, elle, toute liberté. Sa chambre est un véritable Q. G. d'où partent ordres, initiatives et tentatives diverses. Elle écume les brocanteurs et les salles des ventes, et achète, achète, achète... Elle veut faire de la Maison-Blanche « une grande et belle maison. Une résidence historique ». Elle a horreur qu'on dise qu'elle « redécore », elle préfère le mot « restaurer ».

L'arrivée de Jackie est un choc pour les occupants de la vieille maison. « Du balai, les horreurs ! » déclare Jackie en changeant les meubles. La nurse de Caroline ? « Elle n'a pas besoin de beaucoup d'espace dans sa chambre. Une corbeille pour ses peaux de banane [1] et une table de nuit pour son dentier ! » La cuisine ? « Je m'en fiche complètement. Peignez-la en blanc et demandez conseil à René [2] ! » Les tableaux ? Elle va rechercher des Cézanne à la National Gallery, là où le président Truman les avait relégués. Les rideaux en place ? « Ils sont verts à vous donner le mal de mer, et leurs franges ressemblent à un vieux sapin de Noël exténué. » Seul le hall d'entrée trouve grâce à ses yeux : « Il ressemble à de Gaulle. » Ouf !

C'est une rapide. Elle ne supporte pas ceux qui parlent pour ne rien dire ou qui lui font perdre son temps. « Que Lucinda [3] arrête de s'excuser pendant dix minutes quand elle laisse tomber une épingle ! » Avec les domestiques, elle est très attentive. A leurs horaires, à leurs salaires, aux heures supplémentaires.

Tout entière à ses projets grandioses, Jackie ne veut pas entendre parler des tâches traditionnelles de la First Lady. Tout ce qui est visites aux scouts, myopathes, handicapés, aveugles, troisième âge et associations pour la protection de la nature ou au profit de la Croix-Rouge l'ennuie. Elle confie ces corvées à Mme Johnson, la femme du vice-président. « Pour-

---

1. La nurse, Miss Maud Shaw, faisait une grande consommation de bananes.
2. Le chef français.
3. La femme de chambre de Jackie.

quoi devrais-je traîner dans les hôpitaux et jouer les dames de charité alors que j'ai tant à faire ici ? » Elle renvoie les domestiques choqués par le changement de style, fait venir un chef français (qui se met tout le monde à dos) et un chef pâtissier, installe son masseur, son coiffeur, les gouvernantes des enfants. Sans tenir compte des critiques, elle poursuit son but. Ses « grands travaux » dépassent le cadre de la Maison-Blanche. Elle fait des projets pour une grande bibliothèque, pour la création d'un immense centre culturel et... pour la préservation des monuments pharaoniques en Égypte.

Ayant délimité son champ d'action, elle se sent plus à l'aise. C'est son monde à elle, et elle en est la reine. J. B. West, le majordome chef, qui tint la Maison-Blanche de main de maître pendant vingt-huit ans, de Roosevelt à Nixon, passa trois ans avec Jackie, dans une intimité domestique de tous les jours [1]. « Jacqueline Kennedy murmurait. Elle parlait si bas qu'on était forcé de tendre l'oreille pour l'entendre. Il y avait dans ses yeux un mélange de détermination, d'humour et aussi de fragilité. Quand elle entrait dans une pièce, on avait toujours l'impression qu'elle cherchait l'issue de secours. Je ne pense pas qu'elle était timide. C'était sa manière à elle de se rendre maîtresse de la situation : inspectant la pièce, soupesant la qualité des gens présents. Elle ne parlait jamais pour ne rien dire et limitait sa conversation aux seuls sujets qui l'intéressaient. Quand elle demandait tout doucement "pensez-vous

---

1. J. B. West, *Upstairs at the White House*, Coward, McCann & Geoghegan.

que…" ou "pourriez-vous, s'il vous plaît…", ce n'était pas un souhait mais un ordre. »

Il vaut toujours mieux faire confiance aux hommes qu'aux femmes qui racontent Jacqueline Kennedy. Les hommes parlent d'elle d'une manière attentive, nuancée, alors que les femmes sont toujours friandes du petit détail qui tue. On sent très bien, dans tous les témoignages féminins sur Jackie, qu'elle insupportait. Elle était trop… Trop belle, trop riche, trop cultivée, trop originale, trop privilégiée, trop captivante, trop indépendante. Presque toutes essaient subrepticement de la salir, de la rabaisser. L'air de rien, en lâchant par-ci, par-là, une remarque aigre. Les femmes ne supportent pas l'insolence tranquille, l'élégance naturelle et le détachement quelque peu hautain de Jackie. Il faut la faire redescendre de son piédestal. Pour qu'enfin elle fasse partie du lot commun. Il n'y a pire ennemie pour une femme séduisante, belle et intelligente qu'une autre femme moins séduisante, moins belle et moins intelligente. Et comme Jackie ne prête que rarement attention à la gent féminine, gardant le souvenir des relations tendues avec sa mère, elle déclenche de forts ressentiments.

« Mme Kennedy ne recherchait jamais la compagnie des autres femmes. Elle n'avait pas de copines qui venaient prendre le thé et bavarder. Sa seule confidente était sa sœur Lee, poursuit J. B. West. Elle avait trente ans de moins que toutes les autres First Lady que j'ai servies et possédait la personnalité la plus complexe de toutes. En public, elle était élégante, impassible, digne et royale. En privé : décontractée, impertinente et révolutionnaire. Elle avait une volonté de fer, avec plus de détermination que personne au monde. Cependant, elle savait aussi être douce, obstinée et subtile et imposait sa volonté sans que les gens s'en aperçoivent. Elle était drôle, insolente, très intelligente, et, quelquefois, bête et bornée, sans plus aucun sens de l'humour. On s'amusait beaucoup avec elle, et pourtant personne n'osait être familier. Elle avait une manière bien à elle d'installer une distance entre les gens. Elle détestait qu'on la presse, qu'on la bouscule. »

Elle a emporté à la Maison-Blanche le bureau de son père, un bureau Empire auquel elle veille avec soin. Elle parle souvent de Black Jack. Elle a l'impression qu'il est là, qu'il l'accompagne partout. Quand sa mère ou Rose Kennedy lui rendent visite, elle est polie. Mais dès que Joe Kennedy est annoncé, elle descend les escaliers quatre à quatre et se jette dans ses bras en l'embrassant. Après sa première attaque, alors qu'il est paralysé et transporté à la Maison-Blanche, elle s'en occupe personnellement, le fait manger et lui essuie la bouche. Elle envoie des mémos de sept pages à J. B. West pour qu'il soit bien traité.

Au troisième étage de la Maison-Blanche, à la place d'un grand solarium, elle a fait installer un jardin d'enfants pour Caroline et quelques enfants de diplomates. Elle passe beaucoup de temps avec Caroline et John-John, mais ce n'est pas une mère conventionnelle. Les enfants sont entourés de nurses, de gouvernantes, de chauffeurs, de maîtres d'hôtel, et on leur sert leur hamburger sur un plateau d'argent. Ce n'est pas que Jackie soit snob : elle a été élevée ainsi. Elle a l'habitude de l'argent, des grandes maisons remplies de domestiques. Pour elle, c'est tout simplement normal. Elle n'imagine pas la vie différemment. Mais si elle ne lave ni ne repasse ni ne cuisine, elle est toujours là, présente et attentive. Elle veut que ses enfants soient bien élevés. Elle tient à ce qu'ils aient leur vie à eux, indépendante de la Maison-Blanche, et qu'ils ne soient pas traités comme des petits prince et princesse. « S'il vous plaît, lorsque nous sortons, inutile d'ouvrir les portes à grand battant pour eux. Je ne veux pas qu'ils se considèrent comme des enfants officiels ! »

Quand John-John est bébé, elle le promène en landau dans le parc de la Maison-Blanche et Caroline trottine derrière elle. Elle leur a dessiné un terrain de jeux, dissimulé par des arbres, pour qu'ils soient à l'abri des regards des touristes qui déambulent le long des grilles. Elle y a installé le poney de Caroline, Macaroni, une maison dans les arbres, des cochons d'Inde et des chiens, un trampoline, des balançoires, un tunnel. Elle saute sur le trampoline avec eux. Résultat : elle fait planter des arbres hauts et touffus pour qu'on n'aperçoive que sa tête qui dépasse et qu'on ne puisse pas prendre de photos. Le terrain de jeux ne se trouve pas loin du bureau du Président qui s'éclipse pour venir jouer, chahuter, plaisanter avec ses enfants. Avec Caroline et John-John, Kennedy est lui aussi un autre homme : il se laisse aller à les aimer, les embrasser, les caresser.

Jacqueline aime autant jouer que Caroline et John-John. « Souvent, quand je l'observais avec ses enfants, je me disais : Voilà, la vraie Jacqueline Kennedy, poursuit J. B. West. Elle avait l'air si heureuse, si détendue. Comme une enfant qui n'aurait jamais grandi. » Et ces airs de grande dame sont un masque qu'elle porte pour affronter le monde des adultes.

Elle a des enthousiasmes enfantins. Après avoir vu *Bambi*, elle décide d'acheter un faon. Une autre fois, elle s'entiche de paons, et le pauvre J. B. West s'arrache les cheveux à l'idée de devoir faire cohabiter toute cette ménagerie. Elle assiste au bain des enfants, dîne avec eux tous les soirs (ou fait semblant de dîner), leur lit une histoire, les borde et s'en va jouer son rôle de First Lady. Comme une actrice.

First Lady! Elle déteste cette appellation contrôlée. « On dirait le nom d'un cheval qui court le tiercé ! Appellez-moi Mrs. Kennedy », prévient-elle le jour de son entrée en fonctions.

Parfois, en rentrant d'une soirée, si les enfants sont réveillés, ils chahutent tous les trois dans la salle de jeux, en faisant tant de bruit que les domestiques se réveillent et tendent l'oreille. Alors ils se cachent et pouffent de rire. Un après-midi par semaine, elle est de garde pour surveiller les élèves de la petite classe. Un jour où un petit garçon la presse de l'emmener faire pipi, elle le déculotte et cherche, cherche son zizi. « Il était si petit, racontera-t-elle plus tard, qu'il aurait fallu une pince à épiler pour le trouver ! » Avec les enfants, elle rit de bon cœur, elle abandonne sa voix de petite fille et parle d'une voix normale, elle joue à cache-cache et leur apprend toutes sortes de jeux, de comptines, de tours de passe-passe. Il y a en permanence un clown à la Maison-Blanche, c'est Jackie.

Un clown qui devient sérieux quand il s'agit d'animer la demeure présidentielle. « Je veux que mon mari soit entouré de gens brillants qui l'inspirent et le divertissent des tensions du gouvernement. » Elle lance des invitations à tout ce que l'époque compte de grands artistes, d'intellectuels ou de politiques.

Et ils répondent. Balanchine, Margot Fonteyn, Rudolf Noureev, Pablo Casals, Greta Garbo, Tennessee Williams, Isaac Stern, Igor Stravinski, André Malraux croisent, lors de dîners raffinés et délicieux, des savants et des chefs d'État. En avril 1962, elle organise un dîner rassemblant tous les prix Nobel du monde occidental. C'est à cette occasion que le président Kennedy fit cette remarque : « Ce dîner est le rassemblement le plus extraordinaire de tous les talents du monde entier. Il n'y eut jamais autant d'intelligence à la Maison-Blanche, à l'exception peut-être de l'époque du président Thomas Jefferson, quand il dînait tout seul. » C'est Jackie qui en a eu l'idée, elle qui a tout organisé. Elle multipliera ce genre de soirée jusqu'à ce qu'elles deviennent l'image de marque de la Maison-Blanche. André Malraux est un convive régulier que Jackie honore avec un zèle pointilleux : elle veille à n'inviter personne qui puisse lui faire ombrage.

Le style Jackie est lancé. Grâce à son charme et à son intelligence, elle parvient à réunir des personnalités qui s'ignorent ou se méprisent. Elle se souvient du vieil adage du général de Gaulle : « Vous faites manger le même gigot à des gens qui se détestent parce qu'ils ne se connaissent pas, et ça les transforme en moutons ! » Che Guevara déclara un jour qu'elle était la seule Américaine qu'il souhaitait rencontrer, et pas précisément à une table de conférence!

Sous son égide, Washington devient une ville brillante, gaie, intellectuelle et amusante. « C'étaient des soirées culturelles éblouissantes, inspirées et encouragées par Jackie, raconte son demi-frère Jamie Auchincloss. Elle n'était pas tant un esprit créatif qu'un esprit concret et stimulant. Elle avait conscience des possibilités qu'offrait son statut et elle sut les exploiter. Il est exact qu'elle ne se plia jamais à certaines obligations. Elle supportait mal le côté lèche-cul de certaines fonctions officielles, mais en matière d'art elle était décidée à faire ce qu'aucune First Lady n'avait jamais fait pour son pays. »

Dans la salle de cinéma de la Maison-Blanche, elle inscrit au programme des films comme *L'Année dernière à Marienbad* ou *Jules et Jim*. Elle les découvre, fascinée, pendant que John ronfle à ses côtés et que ses amis quittent la salle. Elle reverra tous les chefs-d'œuvre de Fellini, dévorera tous les ouvrages sur le maître, avant de le recevoir et de l'étonner par sa connaissance de son œuvre!

Bien sûr, les critiques ne tardent pas à apparaître. C'est une championne de l'esbroufe, une riche mijaurée. Qui paie ces fêtes? Est-ce le contribuable américain? Qu'est-ce que c'est que cette femme de Président qu'on ne voit jamais au chevet des défavorisés, mais toujours en robe longue, sous des lustres éclatants, entourée d'éminences grises et roses!

Jackie ne fait rien pour faciliter ses rapports avec la presse. « Jackie aimerait incarcérer tous ceux qui possèdent une machine à écrire », s'esclaffe JFK. Les jour-

147

nalistes sont sa phobie, et elle protège farouchement sa vie privée, refusant que des photos de ses enfants ou des nouveaux appartements soient prises. Un jour, alors qu'elle arrive à la Maison-Blanche avec un nouveau chien, des journalistes se précipitent et lui demandent ce qu'elle va lui donner à manger. « Des reporters », rétorque-t-elle. Quand elle fait une chute de cheval, sa photo paraît aussitôt dans tous les journaux. Jackie fait irruption dans le bureau du Président pour qu'il interdise de telles parutions. « Jackie, lorsque la First Lady tombe sur le cul, c'est un scoop ! » lui répond-il, amusé. John, lui, est habitué à vivre sous l'œil des photographes. Ses meilleurs amis sont des journalistes. Il sait combien l'image est importante pour lui. Dès que Jackie a le dos tourné, il organise des séances de pose avec John-John et Caroline. Elle en découvre le résultat en lisant les journaux. Elle s'emporte, elle tempête, elle exige. En vain. Alors, pour se protéger, elle fait construire des murs en brique autour du terrain de jeux des enfants, installer un écran en verre dépoli autour de la piscine et planter des haies gigantesques de rhododendrons dans tout le parc. Elle veut bien « prêter » ses enfants pour l'image de John, mais quand elle le décide, et de temps en temps. Jackie veut tout maîtriser. Sans faire le moindre effort pour combler ses lacunes. Kitty Kelley raconte qu'un soir, à une réception en l'honneur du président Bourguiba et de sa femme, comme elle fuit obstinément les journalistes féminines présentes, John l'attrape fermement par le bras et l'entraîne du côté de ses ex-consœurs. Très doucement, il lui demande : « Dis bonjour à ces dames, ma chérie. » Elle s'exécute, le regard noir ; il lui lâche le bras et on peut remarquer alors la trace de ses doigts sur sa peau.

Si les journalistes s'empressent de rapporter les moindres faits et gestes de Jackie ou des enfants, pas un ne souffle mot des incartades du Président. Dès que Jackie est absente de la Maison-Blanche, il y organise des soirées, et les gardes du corps voient folâtrer de jeunes personnes nues dans les couloirs. Il reçoit n'importe quelle fille pourvu qu'elle soit aguichante. On découvrira juste à temps un pistolet dans le sac à main de l'une d'elles ! Il s'en moque. Il ne veut pas entendre parler de sécurité mais de « nanas ». Il a des rabatteurs qui lui trouvent des filles. Quand ils ne sont pas assez rapides, il leur fait comprendre qu'ils pourraient se donner un peu de mal pour leur commandant en chef ! Lui n'a pas le temps de draguer, et il lui faut toujours de la chair fraîche. Comme John est un chef sympathique, il partage ses conquêtes avec eux. Les hommes des services secrets, s'ils sont stupéfaits au début, finissent vite par prendre goût à ces galipettes en commun. « Être avec Kennedy, c'était faire partie d'une sorte de fraternité itinérante. C'était toujours la fête, on avait l'impression que rien ne pourrait jamais tourner mal, se souvient un garde du corps. Personne ne songeait à cafter ou à aller voir les journalistes. Ç'aurait été perçu comme une trahison. Les rangs se seraient aussitôt resserrés. S'il y avait eu un mouchard, tous les autres l'auraient bouclée, ou bien auraient formellement démenti ses propos. » Même parmi le personnel de la Maison-Blanche, il existe une conspiration du silence.

Il arrive à Kennedy de se faire remettre à sa place. Comme lorsqu'il entreprend Shirley Mac Laine, déguisée en chauffeur, envoyée par Sinatra dans une magnifique limousine le chercher à l'aéroport. A peine les portières fermées, Kennedy lutine l'actrice qui se défend, saute de la voiture en marche et remonte... à l'arrière. Shirley Mac Laine prit les tentatives du Président avec humour et déclara : « Je préfère un Président qui baise les femmes à un Président qui baise son pays ! »

Philippe de Bausset, qui était à l'époque le correspondant de *Paris-Match* à Washington, se souvient très bien du couple Kennedy. « L'administration Kennedy était tournée vers la jeunesse, elle représentait l'espoir. Mais elle n'était pas fondée sur la vérité. La presse savait, par exemple, que John et Jackie ne s'entendaient pas, même si JFK essayait de préserver l'image d'un homme entouré d'une femme aimante et de beaux enfants. Le public voulait du rêve, c'est ce que nous lui avons donné. L'administration Kennedy était un immense spectacle de relations publiques. Je me demandais souvent comment les gens réagiraient s'ils apprenaient que Jacqueline Kennedy, qui était supposée être la femme la plus désirable et la plus excitante au monde, était incapable de satisfaire son mari. Ce n'était pas entièrement de sa faute. Kennedy était trop centré sur son plaisir. Cela n'a peut-être pas entravé sa capacité à gouverner le pays, mais cela ne l'y a pas aidé non plus. Nous étions prisonniers d'un mythe que nous avions contribué à créer. Les professionnels de l'image avait construit une image. Les journalistes sont tombés dans le panneau et furent contraints, par la suite, d'accréditer cette image. »

Jackie n'ignore rien de tout cela, mais elle s'est forgé une philosophie. Elle préfère partir en voyage ou en week-end pour laisser le champ libre à son mari. « Je veux un endroit où je pourrais être seule », confie-t-elle. Loin de la Maison-Blanche qui lui donne la nausée rien que d'imaginer ce qui peut bien s'y passer... Mais il lui arrive de buter sur une preuve. Un jour, comme une femme de chambre a rangé dans ses affaires une petite culotte noire trouvée dans le lit de John, Jackie la rapporte au Président en lançant : « Tiens, rends-la à sa propriétaire, ce n'est pas ma taille ! »

Elle se venge en dépensant l'argent comme une folle. John hurle quand il reçoit les factures. « La nouvelle frontière va être sabotée par une bande de foutus couturiers français ! » Elle le toise, glaciale, et recommence de plus belle. Elle ne veut surtout pas qu'il la croie dupe. Ou victime. Faisant visiter la Maison-Blanche à un hôte de passage, elle ouvre la porte d'un bureau dans lequel se trouvent deux jeunes femmes et lance : « Ces deux-là sont les maîtresses de mon mari. »

Elle se venge aussi en lui faisant des scènes violentes quand ils sont seuls. Un dimanche de Pâques, à Miami, alors que John traîne les pieds pour aller à la messe et que les journalistes attendent en bas pour faire une photo de ce couple si beau et si pieux, on entend la première dame des États-Unis crier à son mari : « Allons, viens, espèce d'ordure ! C'est toi qui l'as voulu et c'est toi que le public réclame. Mets une cravate, enfile une veste et allons-y ! »

Parfois, toujours pour aller à la messe, elle arbore une minirobe sans manches, des jambes nues, des sandales et fait la grimace aux reporters.

A la longue, bien sûr, elle finit par s'y habituer. Elle signale à son mari la présence, sur la plage, de bombes sexuelles avec de gros seins (tout ce qu'il aime) ou le place, rien que pour l'embêter, entre deux de ses conquêtes lors d'un dîner à la Maison-Blanche. Pendant le repas, elle observe, gourmande et ravie, l'embarras de John et les mines contrariées de ses rivales.

Elle, en revanche, a une conduite sentimentale exemplaire. On ne lui connaît aucune aventure. Et si elle charme tous les hommes qui l'approchent, aucun ne peut se vanter d'être un intime. Parfois, elle provoque Kennedy et danse lascivement enlacée à un homme. Il fronce les sourcils. Bougonne. L'honore quelques nuits, puis repart vers le premier jupon qui passe. S'il se permet tout, il n'aime pas qu'elle lui échappe. Quand, en août 1962, elle part avec Caroline rejoindre sa sœur Lee pour une croisière en Italie, on aperçoit souvent Gianni Agnelli à ses côtés. Ces photos font la une des journaux. John lui envoie aussitôt un télégramme disant : « Un peu plus de Caroline et moins d'Agnelli. »

On lui prêtera des aventures, car elle est coquette et aime les hommes, mais on ne pourra jamais rien prouver. Et pourtant, ce ne fut pas faute de la traquer. Une fois de plus, le mystère Jackie demeura plus fort que tous les potins chuchotés dans les dîners en ville.

Si elle supportait, sans rien dire, les frasques de John, ce n'était pas pour se faire prendre, elle, en flagrant délit d'adultère ! Elle préféra sans doute rester prisonnière de cette si belle image qu'elle avait construite. Il faut dire que c'était sa seule consolation. La seule chose qui lui restait, outre ses enfants, dont elle était fière. Elle clouait le bec aux médisants et aux petits. Elle se situait, une fois de plus, au-dessus des autres.

IX

A la fin de l'année 1961, Jackie n'est plus seulement la jeune femme d'un homme célèbre : elle est devenue une femme célèbre mariée au Président des États-Unis.

Tout a commencé à Paris. Le 31 mai 1961, John et Jacqueline Kennedy arrivent dans la capitale en voyage officiel. Le président de Gaulle fait tirer cent un coups de canon lorsqu'ils descendent de l'avion. A partir de ce moment-là, c'est Jacqueline la vedette. Les Parisiens ne voient qu'elle. Des banderoles, sur le parcours d'Orly à Paris, célèbrent sa beauté et les Français scandent : « Jackie, Jackie ! » Jacqueline se sent soudain comme une reine rentrant au pays. C'est à Paris qu'elle a connu la période la plus heureuse de sa vie. C'est à Paris qu'elle se fait habiller (en cachette !), c'est la littérature française qu'elle aime ! Les rues de Paris, les cafés, les musées... Paris, Paris ! John Kennedy se sent presque de trop. « Bonjour, je suis le type qui accompagne Jackie ! » dit-il avec humour. Il n'y en a que pour elle. Les Français, d'habitude si critiques, chancellent sous son charme. Le destin fait un clin d'œil à Jackie : Paris, qui lui avait déjà offert la liberté et l'indépendance en 1951, la consacre reine en 1961.

Le général de Gaulle n'a pas une passion pour le Président américain, qu'il compare à un garçon coiffeur. « Il peigne les problèmes mais ne les démêle pas. » En revanche, il est conquis par le regard pétillant de Jackie. Elle lui chuchote qu'elle a lu ses Mémoires. Et en français dans le texte ! Il se redresse et range ses lunettes. Jackie sera plus qu'une ambassadrice de charme, elle servira d'intermédiaire entre JFK et le Général. Entre les deux hommes, les conversations étaient difficiles.

Ses tenues, ses coiffures, son sourire, son allure éblouissent les Parisiens qui se l'approprient, prêts à lui donner la nationalité française. Le général de Gaulle, peu connu pour ses confidences, la décrit comme « une femme charmante et ravissante avec des yeux et des cheveux extraordinaires ». Il l'écoute et découvre qu'elle peut parler de tout. De poésie, d'art et d'histoire. « Votre femme connaît mieux l'histoire de France que la plupart des Françaises », murmure-t-il à l'oreille de John. « Et des Français », rétorque John Kennedy.

Plus tard, le Général discuta de Jackie avec André Malraux. André Malraux, dans *La Corde et les Souris*[1], raconte l'entretien qu'il eut avec lui, alors que ce dernier rentrait des funérailles de JFK à Washington.

« Vous m'avez parlé de Mme Kennedy, rapporte Malraux. Je vous ai dit : "Elle a joué un jeu d'une grande intelligence : sans se mêler de politique, elle a donné

---

1. *Œuvres complètes*, Gallimard, « Bibliothèque de la Pléiade », Paris.

à son mari un prestige de mécène qu'il n'aurait pas trouvé sans elle : le dîner des cinquante prix Nobel...
– Et le vôtre...
– ... c'était elle." Mais vous avez ajouté : "Elle est une femme courageuse et très bien élevée. Quant à son destin, vous vous trompez : c'est une vedette et elle finira sur le yacht d'un pétrolier."
– Je vous ai dit ça ? Tiens... Au fond, j'aurais plutôt pensé qu'elle épouserait Sartre. Ou vous !
– Vous vous souvenez des pancartes à Cuba : "Kennedy, non ! Jackie, oui !" ?
– Charles, dit Mme de Gaulle, si nous y étions allés, est-ce qu'il y aurait eu des pancartes : "De Gaulle, non ! Yvonne, oui !" ? »
Jackie et Malraux vont développer une amitié qui ne se démentira jamais. Elle le reçoit à la Maison-Blanche, donne des dîners pour lui. Elle est fascinée par l'intelligence de Malraux. Il est ému par le charme et la beauté de Jackie. Avec Malraux, Jackie se sent à l'aise. Elle peut parler, et surtout écouter. Il lui rapporte des réflexions du Général qui resteront marquées à jamais dans sa mémoire. « On a assassiné peu de rois en France... Oui, mais toujours ceux qui voulaient rassembler les Français. » « Le pire malheur s'use. » Ou : « Comme il y a de lâcheté dans la modestie ! » Ou encore cette phrase qui ne pouvait que la réconforter : « L'illusion du bonheur, c'est fait pour les crétins ! » Malraux lui raconte son projet de ravaler tous les immeubles de Paris et les critiques que cela lui attire. Il lui propose de la revoir à son prochain voyage à Washington et Jackie lui promet de tout laisser tomber

pour le rejoindre : ensemble, ils arpenteront les musées et il lui racontera chaque tableau...

Il tiendra sa parole. Et Jackie la sienne. On la verra soudain tout abandonner pour retrouver Malraux et aller flâner à la National Gallery. Il lâche des phrases comme : « Les artistes inventent le rêve, les femmes l'incarnent », ou, en la regardant : « Rien de plus mystérieux que la métamorphose d'une biographie en vie légendaire. » Jackie recueille ses mots comme un viatique précieux. Il l'aide à confirmer la force qu'elle a en elle, et elle lui en est reconnaissante.

C'est ce qui lui manque le plus dans la vie qu'elle mène : des esprits qui la nourrissent, qui l'élèvent. Certaines journalistes américaines disent d'elle qu'elle est snob, intellectuelle, prétentieuse. Jackie est juste curieuse et affamée. Plus que tout, elle aime apprendre.

Elle se sent chez elle en France. Elle se précipite pour visiter des pouponnières, ce qu'elle ne fait jamais en Amérique. Chaque fois, une foule énorme, amassée sur les trottoirs, crie « Vive Jackiii ! ». Elle se promène, incognito, dans une voiture banalisée pour revoir tous les endroits où elle a flâné, étudiante. Quand elle visite Versailles, elle a le souffle coupé. Dans la galerie des Glaces, elle soupire : « C'est le paradis ! On ne peut rien imaginer de pareil. » Elle va de salon en salon, s'exclame « quelle merveille ! » et prend des notes pour la restauration de la Maison-Blanche. Même John est ébloui. « Il va falloir qu'on fasse quelque chose d'autre à la Maison-Blanche, dit-il, je ne sais pas encore quoi mais il va falloir y penser. » Jackie enregistre tout. Elle remarque les tissus des rideaux de Versailles, la délica-

tesse des services de table, l'ordre des plats qui se succèdent, le ballet des maîtres d'hôtel. Elle se promet
d'importer ce savoir séculaire à la Maison-Blanche. Son
côté marquise du XVIIIe siècle s'épanouit sous les lustres
de la Cinquième République.

Leur voyage en Europe continue sous les mêmes glo-
rieux auspices. Ils se rendent d'abord à Vienne, où
Kennedy doit rencontrer Khrouchtchev (juste après
l'affaire de la baie des Cochons). Une fois encore, la
foule scande « Jackie, Jackie ». Khrouchtchev se tourne
vers elle et lui lance : « Ils semblent vous apprécier, on
dirait ! » Si entre Khrouchtchev et Kennedy, le dialogue
grince, le Soviétique s'entend à merveille avec Jackie.
Il la trouve « exquise », lui promet de lui envoyer un
chien qui a voyagé dans l'espace (promesse tenue), et,
quand on lui demande s'il veut bien poser avec Kennedy, il répond qu'il préférerait poser avec son épouse !
Puis c'est Londres, où Kennedy, abattu par sa rencontre avec Khrouchtchev, discute toute la nuit avec
ses conseillers. Jackie, de son côté, écrit une longue
lettre à de Gaulle pour le remercier d'avoir fait de son
voyage à Paris un vrai conte de fées. Elle ne l'enverra
jamais : une femme, lui fait-on remarquer, ne doit
pas s'adresser à un chef d'État comme de Gaulle en
l'appelant « mon général ». Elle doit employer des for-
mules plus respectueuses. Jackie répond que, puisqu'il
en est ainsi, il n'y a qu'à envoyer une lettre officielle
sans faute de goût ni d'étiquette ; elle s'en désintéresse.
Le beau voyage est terminé, son enthousiasme brisé,
elle se remet à bouder.

Après cette tournée en Europe, John regarde sa femme

d'un autre œil. Comme s'il la découvrait. Intéressé par l'impression qu'elle a produite à Paris, fasciné par son allure royale, cet homme pressé et opportuniste comprend qu'il a sous-estimé sa femme. Il l'écoute de plus en plus. Il respecte son jugement politique et l'utilise comme un observateur précieux. Elle lui sert même d'ambassadeur auprès de personnes qu'il ne sait pas comment aborder ou avec lesquelles il ne se sent pas à l'aise.

Jackie a commencé son mandat en décoratrice et figure de proue de la mode. Désormais, elle se prend d'un intérêt croissant pour les problèmes du pays. « Après tout, fait-elle remarquer à J. B. West, je suis LA madame Kennedy, je suis LA First Lady... » Comme si elle n'en revenait pas. Comme si son mal de vivre disparaissait et que son voyage en Europe l'avait révélée à elle-même. Elle n'est pas seulement un portemanteau ou une décoratrice. Elle existe. Elle n'a plus besoin de John. Elle est intelligente, découvre-t-elle, émerveillée. On la prend au sérieux. Elle découvre aussi que ce nouveau regard qu'on pose sur elle lui donne des ailes... et du pouvoir. Comme beaucoup de femmes trop jolies, elle se pensait bête. Peu sûre d'elle, elle se réfugiait dans les apparences qu'elle pouvait maîtriser facilement.

« Parce qu'elle prenait toujours le parti des modérés contre les extrémistes, on l'appelait la "libérale de la Maison-Blanche", raconte un journaliste politique. Et JFK lui piqua beaucoup d'idées. »

En 1960, en pleine campagne électorale, elle avait appris qu'une entreprise de Virginie-Occidentale, qui fabriquait des verres en cristal, était en difficulté ; elle s'était promis de l'aider si John et elle s'installaient à la Maison-Blanche. Elle tint parole et exigea que tous les verres utilisés à la Maison-Blanche proviennent de cette usine. Quand un grand industriel en verrerie de luxe lui proposa de lui offrir un service complet, elle refusa. Elle voulait continuer à acheter ses verres en Virginie. « Et si je pouvais, je les casserais un à un afin que cette entreprise puisse continuer à vivre ! » C'est sa manière à elle de faire de la politique. Elle veut se rendre utile auprès des gens qui en ont vraiment besoin. Avant d'être à la Maison-Blanche, elle n'avait, de par ses origines, qu'une connaissance limitée des États-Unis. Elle ne découvrit vraiment son pays que pendant la campagne présidentielle, en accompagnant John dans les petites villes de l'Amérique profonde. Bien sûr, elle ne joua pas les Evita Perón et ne visita pas les bidonvilles, mais elle était attentive. A ce qui l'intéressait. Rien ne pouvait forcer Jackie à faire ce dont elle n'avait pas envie. « On m'a dit avant d'entrer à la Maison-Blanche que j'aurais cent choses à faire en tant que First Lady, et je n'en ai pas fait une seule ! » Une fois de plus, on critiqua ses oublis sans mettre en avant ses bonnes actions.

John, lui, commençait enfin à comprendre sa femme et à la soutenir. Arthur Schlesinger confirme que « le président Kennedy faisait davantage confiance à sa femme sur le plan politique qu'on le pense généralement. Et elle avait des réactions très avisées sur le plan social ».

« Elle s'était prise d'un intérêt croissant pour les problèmes qui assaillaient la présidence, raconte Sir David

Ormsby Gore. Presque chaque jour, elle envoyait chercher à la bibliothèque du Congrès de nouveaux documents, des livres de référence, des ouvrages historiques,
des coupures de journaux, afin de se familiariser avec le
contexte des événements politiques, et elle formula
bientôt des idées, des suggestions qu'elle soumit à son
mari. C'était sa manière de l'encourager à partager ses
réflexions et ses ennuis avec elle ; et, de fait, il avait plus
d'ennuis qu'il n'en avait cherché. Jackie discutait de
certaines questions avec le Président et elle le contrait
souvent. Soutenant qu'il s'agissait d'une mesure trop
restrictive, elle le convainquit par exemple de renoncer
à la loi McCarran sur l'immigration. Et elle le poussa à
signer le traité d'interdiction des expériences nucléaires
avec la Grande-Bretagne et l'Union soviétique. Quelques
membres de son entourage y étaient opposés, parce
qu'ils pensaient qu'il lui faudrait faire trop de concessions. Mais c'est Jackie qui l'emporta.
« Elle était pour la normalisation des relations entre les
États-Unis et l'Union soviétique. En 1963, par exemple,
il y avait parmi les conseillers du Président une forte
opposition au projet de vente de 150 millions de bois-
seaux de blé aux Soviétiques. Jackie souhaitait que
cette vente se fasse. Ayant un sens aigu de l'analyse des
comportements, et une sorte d'instinct de limier pour
débusquer les plans cachés, elle savait qui elle devait
pousser et jusqu'où. La vente eut lieu six semaines
avant l'assassinat du Président. »
Mais, fidèle à son rôle de femme de l'ombre, Jackie ne
se vante pas de ses victoires. Au contraire, elle continue à jouer les marquises étourdies, pour laisser toute

la place à John. Et puis, souvenez-vous, Jackie préfère cent fois le rôle de machiniste à celui de star...

Tous les collaborateurs de Kennedy reconnaissent l'importance du rôle de Jackie. Le secrétaire à la Défense, Robert McNamara déclare : « Jackie est l'une des femmes les plus sous-estimées de ce pays. Elle est d'une acuité politique exceptionnelle. Le Président l'a consultée sur bon nombre de problèmes. Je ne parle pas de longues discussions dramatiques, mais elle était informée de ce qui se passait et exprimait son point de vue sur presque tout. » Et le général Clifton, attaché militaire du Président, d'ajouter : « JFK se tournait vers sa femme pour lui demander son avis chaque fois qu'une crise survenait. Ils en parlaient ensemble. Elle ne s'adressait pas à son équipe mais directement à lui, c'est pourquoi personne n'en savait rien. »

John est en quelque sorte tombé sous le charme de Jackie une seconde fois, à la Maison-Blanche. Surpris et enfin ému par cette femme qui est en même temps une petite fille perdue et une battante, une femme avisée et vulnérable, bien qu'elle ne le montre jamais. Durant les derniers mois de leur vie conjugale, ils se rapprochent. Lors d'une mission politique en Inde qu'elle effectue toute seule, sur la demande de John, Jackie exprime le souhait de voir les bas-reliefs de la pagode Noire de Konorak, y compris celui qui représente « une femme accomplie faisant l'amour en même temps avec deux hommes violemment tumescents ». Les officiels américains qui accompagnent Jackie s'affolent. Que va-t-on penser de cette visite ? Est-ce correct pour une First Lady de scruter des sculptures pornographiques ? Le

Président est averti par télex. Sa réponse sera lapidaire :
« Quel est le problème ? Vous trouvez qu'elle n'est pas
assez grande ? »
Début 1963, Jackie est enceinte. Elle décide de cesser
toute activité officielle pour protéger son bébé. Le
7 août de la même année, elle est prise de violentes douleurs au ventre et est transportée d'urgence à l'hôpital.
Une césarienne est pratiquée. C'est un garçon, il reçoit
le nom de Patrick Bouvier Kennedy. Patrick, parce que
c'est le patron des Irlandais, et Bouvier, en souvenir de
Black Jack... Comme Caroline qui s'appelle Caroline
Bouvier Kennedy. Jackie n'oublie pas son père.
Hélas, le bébé mourra à l'âge de trois jours. Jackie est
désespérée. Mais cette fois John est à ses côtés. Cette
épreuve va encore les rapprocher. « C'est horrible, sanglote Jackie, mais ce qui serait encore plus horrible, ce
serait de te perdre, toi. » Elle se souviendra longtemps
de ces mots prononcés seulement quelques semaines
avant le tragique voyage à Dallas. Jackie, trop malade,
ne peut assister à l'enterrement de son fils, et c'est John,
tout seul, qui accompagne son enfant pour son dernier
voyage. Il place dans le minuscule cercueil une médaille
de Saint-Christophe que Jackie lui avait offerte lors de
leur mariage.
Le 12 septembre 1963, ils fêtent leur dixième anniversaire de mariage. Jackie, comme toujours, ne montre
rien de sa douleur, et John, pour la première fois de sa
vie, esquisse un geste d'affection en public : il lui tient la
main. Une intime des Kennedy se souvient de cette soirée. « Comme cadeau d'anniversaire, John offrit à Jackie
le catalogue de l'antiquaire new-yorkais J. J. Klejman,

et lui proposa de choisir ce qu'elle voulait. Il déclina à haute voix la liste des objets, et, bien qu'il ne fît pas mention des prix, chaque fois qu'il tombait sur une pièce chère, il soupirait : "Il faut que je l'incite à choisir autre chose." C'était très drôle. Elle se décida finalement pour un simple bracelet. Son cadeau à elle était une médaille en or de Saint-Christophe, pour remplacer celle qu'il avait déposée dans le cercueil du petit Patrick, ainsi qu'un album relié en cuir rouge et or, contenant des photos des parterres de roses de la Maison-Blanche, avant et après. »

Jackie fait une fois de plus bonne figure en société, mais le cœur n'y est pas. Elle ne se remet pas de la mort de son petit garçon et agite de sombres pensées. Dès qu'on mentionne le nom de son bébé, elle a le souffle coupé et met du temps à retrouver son calme. Sa sœur, Lee, qui lui téléphone tous les jours, lui propose de partir en croisière avec elle et Aristote Onassis. Lee, divorcée de son premier mari et remariée au prince Stanislas Radziwill, a alors une liaison avec Onassis. Elle s'est mis en tête de se faire épouser. A peine a-t-elle parlé à Onassis des problèmes de sa sœur qu'il met à sa disposition son yacht, le *Christina*. Elle sera son invité et pourra voyager à son gré. Il restera à terre pour ne pas donner prise aux ragots.

Jackie accepte tout de suite l'invitation et insiste pour qu'Onassis les accompagne. « Je ne peux quand même pas accepter l'hospitalité de cet homme et lui demander de rester à terre. Ce serait trop cruel. » John est moins enthousiaste. Il pense aux prochaines élections et se demande s'il est judicieux que Jackie s'affiche avec un

homme aussi douteux à ses yeux : ce play-boy profes-
sionnel, étranger de surcroît, est un affairiste qui a eu
maille à partir plusieurs fois avec la justice américaine
pour des histoires louches. « Jackie, es-tu bien sûre de
savoir ce que tu fais ? Es-tu au courant de la réputation
de ce type ? C'est déjà bien assez que ta sœur s'affiche
avec lui... »
Jackie est décidée. Et dans ces cas-là, ni l'avenir politique de John, ni la pression qu'il exerce sur elle ne
peut la faire changer d'avis.
Ce séjour à bord du *Christina* va être idyllique. Non
seulement le *Christina* est le bateau de croisière le plus
luxueux du monde (il mesure quatre-vingt-huit mètres
de long et comporte un équipage de soixante hommes,
dont un orchestre), mais son propriétaire est un des
hommes les plus vivants et les plus énergiques que
Jackie ait jamais connus. Tout l'enchante : les bals, les
roses rouges et les glaïeuls roses, le luxe qui éclate
dans chaque détail. Il y a à bord un cabinet médical,
un salon de beauté, une salle de projection, quarante-
deux téléphones, une masseuse, deux coiffeuses. Mais
surtout, surtout, il y a Ari.
« Onassis était merveilleux, raconte un invité, très courtois (sans être cérémonieux), très érudit, très informé
des affaires mondiales. Un homme très brillant et des
plus séduisants. Il n'avait rien d'un bel homme, mais
il était plein de charme et très malin. » Tous les soirs,
Jackie se réfugie dans sa cabine pour écrire une longue
lettre à son mari chéri. Ils se téléphonent. Jackie se sent-
elle en danger pour devenir aussi sentimentale ? Il faut
toujours se méfier des femmes qui clament leur amour

à longue distance. Cela cache souvent un secret, un trouble ou un malaise qu'on veut déguiser sous des protestations passionnées. Pour rassurer l'autre et se rassurer soi-même. Pour conjurer le danger qu'on sent approcher...

Jackie est sous le charme. Elle écoute Ari raconter sa vie, ses jeunes années quand il travaillait comme standardiste en Argentine pour cinquante centimes l'heure, ses débuts dans le commerce du tabac qui ont fait de lui un millionnaire, son flair pour le commerce maritime, son mariage avec la fille d'un riche armateur grec et sa lente ascension sociale. Il évoque sa grand-mère, sa sagesse orientale. Ils parlent tous les deux seuls, sur le pont arrière du bateau en regardant les étoiles filantes. Elle se confie. Il l'écoute. Elle se sent en sécurité avec cet homme plus âgé qu'elle. Elle a toujours aimé les hommes au physique ingrat. Ari lui apparaît comme un pirate des mers, un flibustier futé qui a roulé sa bosse sous tous les pavillons du monde. Il l'étonne, la fait rire, la couvre de bijoux, de cadeaux, d'attentions. Le moindre de ses souhaits est aussitôt exaucé. Elle redevient la petite fille qui gambadait dans les étages des grands magasins new-yorkais, pendant que son père l'attendait à la caisse et signait le chèque de ses folies. Elle est loin de l'atmosphère étouffante de Washington, libérée des critiques incessantes sur ses moindres gestes ; elle respire, elle se console de la mort de son bébé, elle savoure sa liberté. Elle est si heureuse qu'elle ignore les attaques de la presse américaine qui se scandalise de la voir insouciante et gaie. Une photo d'elle en bikini sur le *Christina* a fait la une des journaux. « Ce genre de comportement est-il convenable pour une femme en deuil ? » s'interroge un éditorialiste du *Boston Globe*. Un député déclare devant le Congrès qu'elle fait preuve « de peu de jugement et d'inconvenance en acceptant l'hospitalité prodigue d'un homme qui a défrayé l'opinion publique américaine ». Elle s'en moque. Elle respire ; elle rit. Elle se prélasse dans le luxe, dévore du caviar, caresse des diamants, danse. Oublie. Et rentre à Washington de très bonne humeur, au point qu'elle accepte d'accompagner John au Texas pour une visite officielle qui doit avoir lieu en novembre. Il s'agit de redorer l'image du Président auprès des Texans. Et Jackie est toujours là dans les moments difficiles.

« John n'avait vraiment aucune envie d'y aller, raconte Lem Billings, son plus vieux copain. Et comment le blâmer ? Je veux dire que pour un Président comme Kennedy il fallait vraiment avoir des couilles pour aller dans une ville aussi folle que Dallas. Peut-être avait-il un pressentiment ? Mais finalement il avait l'air assez remonté. Jackie va leur montrer à ces péquenots de Texans ce que c'est que la mode, raillait-il tout excité... »

« Je te suivrai où tu voudras pour ta campagne », avait promis Jackie.

Elle demanda simplement une voiture couverte afin de rester bien coiffée. Il réclama une décapotable. « Si on veut que les gens viennent, il faut qu'ils sachent où nous trouver... »

X

Le jour des obsèques de John Kennedy, Jackie est royale. Les caméras des télévisions du monde entier braquent leurs objectifs sur les 250 000 personnes qui suivent le cortège funèbre. Et surtout sur Jackie et les enfants. Bourrée de tranquillisants, elle tient le coup et fait front. C'est elle qui a tout organisé. « Cet enterrement était un moyen de prouver l'importance de Kennedy en tant que leader politique, ainsi que ses liens historiques avec Abraham Lincoln, Andrew Jackson et Franklin Roosevelt. Le cercueil sera tiré par la même prolonge d'artillerie que celle qui avait transporté le corps de Franklin D. Roosevelt à sa dernière demeure en 1945. Un cheval non monté avec des bottes à l'envers dans les étriers suivait le cercueil », rapporte David Heymann.

Comment s'appelait le cheval? Black Jack, comme son père. Ironie du sort qui suggère à Jackie d'« enterrer » les deux hommes à la fois, ou désir délibéré de sa part? On ne le saura jamais. Tous les invités présents sont troublés par son calme. Le général de Gaulle, mal à l'aise devant cette mise en scène grandiose, rédigera ses dernières volontés concernant son enterrement en rentrant en France : pas de déploiement fastueux, pas d'invités prestigieux, pas d'obsèques nationales. Rien que le strict minimum.

Huit cent mille télégrammes de condoléances arrivent à la Maison-Blanche. Jackie mettra un point d'honneur à répondre à une grande partie d'entre eux. De la même manière, elle s'applique à faire de son mari un saint et un héros en imposant aux journalistes l'image qu'elle avait soigneusement élaborée depuis son entrée à la Maison-Blanche. Devant cette veuve bouleversée et digne, ils écrivent des articles élogieux qui entretiendront le mythe éternel de JFK. Ils se rendront compte, des années plus tard, qu'ils se sont fait manipuler.

Avant de quitter la Maison-Blanche, elle demande qu'une plaque soit placée dans sa chambre, à côté d'une autre plaque commémorant la présence d'Abraham Lincoln à la Maison-Blanche, avec ces mots gravés : « Dans cette chambre, ont vécu John Fitzgerald Kennedy et sa femme pendant les deux ans, dix mois et deux jours qu'il fut Président des États-Unis, du 20 janvier 1961 au 22 novembre 1963. »

Jackie se comporte comme une véritable actrice et finit par croire elle-même à ses propres inventions. John est repeint en blanc, leur vie à deux en rose. Elle ne veut plus rien savoir de la vérité. C'est ainsi qu'elle refuse qu'on ouvre une enquête sur sa mort, de peur que ne ressortent toutes ses infidélités et ses relations malsaines, comme celle qu'il entretint avec la Mafia. Son obsession du plus petit détail ne la quitte plus. Elle veut revoir le bureau de John, qu'elle venait juste de faire redécorer, mais les déménageurs sont déjà passés pour y installer le mobilier de Lyndon Johnson, le nouveau Président. « Ce devait être très joli, murmure-t-elle à J. B. West.

– C'était très joli », répond West.

Ses assistantes ne peuvent contenir leurs larmes et quittent le Bureau ovale en sanglotant. Jackie reste toute droite, au milieu du va-et-vient des déménageurs qui installent les derniers tableaux. « Je crois qu'on dérange », murmure-t-elle.

« Et soudain, raconte J. B. West, je me suis souvenu du premier jour où elle était arrivée à la Maison-Blanche et où, comme aujourd'hui, elle avait l'air si vulnérable, si fragile, si seule. Elle regardait tout, se rappelant le bureau de John, les photos de John et Caroline accrochées aux murs, et puis elle s'est levée et est partie. »

Ils vont s'asseoir dans une autre pièce, moins fréquentée, et Jackie, plongeant son regard dans les yeux de West comme pour y chercher une réponse sincère, lui demande :

« Mes enfants... Ce sont de bons enfants, n'est-ce pas ?

– C'est sûr.

– Ce ne sont pas des enfants gâtés ?

– Certainement pas.

– Monsieur West, voulez-vous être mon ami pour la vie ? »

M. West était trop ému pour répondre. Il hocha simplement la tête.

Quelques jours plus tard, il reçut une longue lettre de

Jackie concernant tous les petits détails dont Mme Johnson devait être tenue au courant. « Je souris intérieurement. Malgré sa douleur, Mme Kennedy pensait aux cendriers, aux cheminées et aux arrangements floraux, ces tout petits détails de la Maison-Blanche... » Quand Mme Lyndon Johnson lut le long mémo de Jackie, elle fut stupéfaite : « Comment peut-elle penser à moi, et à tous ces détails dans un moment pareil ? »

Le soir de l'enterrement de John, en dépit des conseils de son entourage, elle tient à organiser une fête pour le troisième anniversaire de son fils. Elle souffle les bougies avec lui, chante « Happy birthday, John-John », lui tend ses cadeaux et contemple la joie insouciante de son petit garçon, trop petit pour comprendre. Une semaine plus tard, elle fête l'anniversaire de Caroline. Il faut que la vie des enfants se poursuive comme avant. Ils sont trop petits pour être plongés dans le chagrin et le deuil. Jackie en a décidé ainsi.

Puis elle déménage avec Caroline et John-John dans une petite maison de Washington. Toujours aussi digne et consciente de son rôle de gardienne du souvenir. Toujours aussi résolue à garder ses distances. Lyndon Johnson, le nouveau Président, tient absolument à l'inviter aux dîners de la Maison-Blanche. Pour la distraire, mais aussi pour la mettre dans son camp. Les élections approchent et Jackie est une alliée précieuse. Elle refuse obstinément. Elle a surnommé M. et Mme Johnson « le colonel Pain-de-Maïs et sa petite côtelette de porc ». Un jour, Lyndon Johnson l'appelle une fois de plus et commet l'imprudence de l'appeler « mon chou ». Elle raccroche, furieuse. « Comment ose-t-il me dire "mon

chou", cette espèce de gros plouc de cow-boy! Mais
pour qui se prend-il?»

En entrant à la Maison-Blanche, elle avait voulu prendre
l'Histoire à bras-le-corps. Maintenant, elle en est prisonnière. Avec la mort de John, elle est devenue plus
qu'un symbole : une icône. Une vierge noire devant
laquelle tout le monde se prosterne. Des cars de touristes stationnent devant la porte de sa maison pour
l'apercevoir, des badauds y campent, reculent sur son
passage comme si elle était une apparition miraculeuse,
tentent de toucher les enfants. C'est la grotte de
Lourdes. Elle n'ose plus sortir et vit recluse avec Caroline et John-John. Elle s'habille n'importe comment.
Ses yeux sont cernés, elle sursaute au moindre bruit.
Elle parle d'une manière incohérente, ressasse sa vie
avec John. Revit le moment terrible où le chirurgien lui
a annoncé que son mari était mort, qu'il n'y avait plus
rien à faire. « C'était fini, raconte Heymann. Ils recou-
vrirent son corps d'un drap blanc, mais le drap était trop
court et un pied dépassait, plus blanc que le drap lui-
même. Jackie le prit entre ses mains et l'embrassa. Puis
elle rabaissa le drap. Elle embrassa John sur les lèvres.
Ses yeux étaient encore ouverts. Elle les embrassa aussi.
Elle lui embrassa les mains et les doigts. Puis elle prit sa
main dans la sienne, refusant de la lâcher. »

Ses proches craignent qu'elle ne devienne folle. Elle a si
bien tenu le coup quand les yeux du monde entier
l'observaient qu'elle vacille, privée de spectateurs. Un
jour qu'un ami vient lui rendre visite, elle se confie à
lui : «Je sais que mon mari m'était dévoué. Je sais qu'il
était fier de moi. Il nous a fallu beaucoup de temps pour

mener tout ça à bien, mais nous y avons réussi, et nous étions sur le point de profiter pleinement de cette vie, ensemble. Je m'apprêtais à faire campagne à ses côtés. Je sais que j'avais une place très particulière dans sa vie, une place unique. Comment faire comprendre à quelqu'un ce que c'est que d'avoir vécu à la Maison-Blanche et de se retrouver brutalement veuve et seule dans une maison ? Et les enfants ? Le monde entier est en adoration à leurs pieds et moi j'ai peur pour eux. Ils sont tellement exposés... »

Le souvenir des dernières heures passées avec John défile dans sa tête en un long film douloureux. Elle se reproche leur dernière dispute, à Washington, juste avant de partir pour le Texas, où elle s'était jetée sur lui. Pour une histoire de femme, sans doute. Elle se rappelle aussi, dans l'avion qui les emmenait au Texas, le soir où il est venu frapper à la porte de sa chambre [1]. Elle était en train de se brosser les cheveux avant de se coucher. Il était sur le seuil, la main sur la poignée, comme s'il était intimidé et n'osait pas entrer.

« Oui Jack ? Qu'est-ce qu'il y a ?

– Je voulais juste savoir comment tu allais... »

Il se balançait d'un pied sur l'autre, attendant qu'elle l'invite à entrer. Et elle, continuant à se brosser les cheveux, avait répondu, indifférente, rancunière, se souvenant de leur scène matinale : « Ça va très bien, Jack. Veux-tu te retirer, maintenant ? »

Ne jamais donner prise à l'ennemi, garder sa fierté

---

1. Jackie avait aménagé l'avion présidentiel en un appartement élégant et confortable. Voir Mary Barelli Gallagher, *My Life with Jacqueline Kennedy*, Michael Joseph, Londres.

même si l'on a envie de se jeter dans les bras d'un mari fantasque, se mutiler intérieurement pour que la façade demeure intacte...

Il avait refermé la porte et était reparti.

Elle l'avait boudé. Une fois de plus. Incapable de lui pardonner. Si j'avais su, si j'avais su, se répète-t-elle en pleurant.

Si j'avais su aussi, je n'aurais pas essayé de m'enfuir quand les trois balles l'ont frappé et qu'il est tombé ensanglanté contre moi. Mais j'ai eu si peur que j'ai voulu sauver ma peau d'abord.

Elle ne se le pardonnera jamais, et cette image d'elle à quatre pattes sur le capot arrière de la voiture officielle reviendra la hanter pendant de longs mois. Elle a pensé à elle d'abord ! Comme d'habitude. Elle se juge petite, lâche, indigne de la belle image du couple parfait. Ce souvenir fait tache, la salit, et elle n'arrive pas à l'oublier. C'est alors qu'elle se met à boire. « Je noie mon chagrin dans la vodka », confie-t-elle à sa secrétaire, Mary Barelli Gallagher.

Elle reste au lit pendant de longues heures, prend des somnifères, des antidépresseurs. Elle parle de son mari au présent ou au futur. N'arrête pas de pleurer. Sa douleur est si grande qu'elle en veut au monde entier. Comment peut-il continuer à tourner alors qu'elle est détruite ? Pourquoi Lyndon Johnson a-t-il pris la place de Jack ? Pourquoi toutes les femmes ne sont-elles pas veuves comme elle ? Il y a tant de crétins qui continuent à vivre, et son John, lui, est mort.

A la mort de John, elle a reçu une allocation annuelle de 50 000 dollars du gouvernement américain. Elle ne peut imaginer vivre avec un si petit budget. La fortune de Kennedy, les assurances-vie que son mari a prises pour ses enfants, elle en a l'usufruit mais elle ne dispose pas des fonds. John lui a quand même laissé 150 000 dollars de revenus par an. Si elle se remarie, cette somme ira aux enfants. Jacqueline, qui peut dépenser jusqu'à 40 000 dollars en trois mois dans les magasins, doit se restreindre. Faire attention. Tenir un budget. Pour elle, c'est le retour en enfer. L'argent, la possession sont les seules choses qui l'apaisent. Posséder, entasser, pour ne plus revivre les discussions d'argent de son enfance, les leçons d'économie de sa mère, la tragique faillite de Black Jack. Le luxe, les meubles, les propriétés, l'ordonnance des fleurs et des cendriers la tranquillisent, la mettent à l'abri du malheur. Il faut toujours se demander pourquoi les gens sont méchants, mesquins, petits. Ce n'est jamais par hasard ou par désir profond. Ils ont peur. Peur de perdre ce qui fait leur identité. Jackie, qui commençait tout juste à prendre confiance en elle, est brisée net dans son élan et retourne à la case départ. Tout ce qu'elle avait construit, patiemment, en serrant les dents, est saccagé. En mourant, John l'a abandonnée. Qu'importent ses infidélités, sa distance, ses froids calculs, il était là. Il la protégeait. « Il est solide comme un roc », disait-elle de lui. Il l'abritait. Ce n'était pas un mariage de convenance comme l'ont prétendu beaucoup. C'était l'union de deux névroses. Il avait épousé une femme qui, en apparence, ressemblait beaucoup à sa mère, qui encaissait les coups sans broncher et faisait bonne figure. Elle s'était mariée à un homme qui ressemblait, toujours en apparence, à son père, et qui, elle le croyait sincèrement, la guérirait de son amour déçu de petite fille. Un homme-pansement qui, s'il lui faisait revivre les blessures de l'enfance, finirait par la guérir. Un homme semblable à Black Jack, à ceci près qu'il ne l'abandonnerait pas.

Et voilà qu'il avait disparu, à 46 ans, en pleine force de l'âge, la laissant en proie à tous ses fantômes.

Elle lui en veut d'être parti, d'avoir dérangé le bel ordre de sa vie, de la rejeter à nouveau dans l'angoisse et la peur. Après tout ce qu'elle lui a donné, comment a-t-il pu lui faire cet affront? Comment, à 34 ans, avec deux enfants tout petits, peu d'argent, une femme seule peut-elle s'en sortir? Contrairement à sa mère, et parce qu'elle est plus profonde, plus compliquée que Janet, elle ne pense pas à se remarier. Elle sait qu'aucun homme ne sera jamais aussi grand que John. C'est lui qu'il lui faut. Il lui appartenait. Il n'avait pas le droit de partir!

Puis elle s'en veut de réagir ainsi et retombe dans son rôle de vestale. Tour à tour sublime et hargneuse, elle balance entre les deux, sans pouvoir maîtriser ses accès de violence qui la transforment en furie. Cette tension a toujours existé chez Jackie, de grands élans de générosité alternant avec des réactions d'une petitesse incroyable, mais son statut de First Lady l'avait rééquilibrée.

A présent, veuve et affaiblie, elle n'a plus de rôle à jouer pour s'étourdir. Ce contrôle, cette maîtrise de soi, dans l'art desquels elle était devenue maîtresse pour cultiver la belle image, ont été balayés. Comme le couvercle d'une casserole dans laquelle bouillonne une vieille rage étouffée qui, soudain, saute.

Alors, dans ces moments-là, elle poursuit ses proches. Elle accuse ses domestiques de se nourrir sur son dos et demande à sa fidèle secrétaire de leur faire la leçon. Elle est pauvre, maintenant! Elle réduit les salaires de ceux qui travaillent avec elle, s'emporte contre les heures supplémentaires. Si ces gens l'aiment comme ils le prétendent, ils devraient travailler presque gratuitement pour elle! Ils devraient penser à elle d'abord, à sa douleur, à ses soucis et non pas aux dollars qu'ils peuvent lui soutirer. Et cette note produite par ses gardes du corps (elle en a deux mis à son service par le gouvernement), qui sont censés payer ses menus achats quand elle se déplace, pourquoi est-elle si élevée? « Qu'est-ce qu'ils font de cet argent? De MON argent. Ils le dilapident comme si c'était le leur! » Elle pique des colères terribles, claque les portes et se réfugie dans sa chambre pour pleurer sur son sort. Elle est malheureuse, si malheureuse. Personne ne l'aime ni ne la comprend. Que va-t-elle devenir sans ombre tutélaire? Elle avale des tranquillisants et des verres d'alcool fort, fait des albums de photo comme une maniaque. Albums de fleurs, de porcelaines, de linge de maison, de meubles. Elle classe tous ses souvenirs d'avant. Elle a même ouvert un dossier intitulé « Jack ». Pour ne rien oublier. Pour maintenir l'illusion. Mais quand elle sort dans la rue, la vérité la frappe en plein visage. Tout lui rappelle John. Il y a des portraits de lui partout. Des photos encadrées d'un voile noir. Des photos qui martèlent la réalité : John est mort. Elle

revient chez elle, brisée, angoissée. De plus en plus ter-
rifiée. Elle refuse de monter dans un taxi avant que son
garde du corps l'ait inspecté de fond en comble.

Il n'y a que l'argent qui puisse rassurer Jackie. L'argent
et ses enfants. Elle va prendre soin d'eux comme le
ferait n'importe quelle mère anonyme. Elle fait des
efforts pour qu'ils ne devinent pas son trouble, leur
parle de papa, leur montre des photos, les emmène
dans les lieux qu'elle a visités avec John. C'est ainsi
qu'ils iront en Argentine, où Kennedy avait posé une
pierre au sommet d'une montagne. John-John pose
une pierre au-dessus de celle de son père. Il retournera
plusieurs fois vérifier que les deux pierres sont toujours
l'une sur l'autre. Ce sont des moments de paix pour
Jackie, ils réconcilient passé et avenir. Avec John et
Caroline, elle apprivoise sa douleur.

Sa sœur, Lee, lui conseille de s'installer à New York. La
ville est plus grande, et elle pourra y vivre dans l'anonymat. Jackie accepte et prend un appartement de quatorze pièces sur la Cinquième Avenue ; elle l'occupera
jusqu'à la fin de sa vie. (Elle l'a acheté en vendant sa
maison de Washington.) Elle change de vie et d'amis.
Elle ne reverra plus ceux qui lui rappellent John et leur
passage à la Maison-Blanche. Ils en seront blessés,
mortifiés, et se plaindront de la brutalité avec laquelle
elle coupe les ponts. Mais Jackie pense que c'est le seul
moyen de rompre avec son passé trop envahissant, et
elle n'hésite pas. Elle d'abord.

Ainsi commencent cinq années d'oisiveté triste. Elle
s'occupe de la bibliothèque John-Kennedy, entretient
la flamme éternelle, va skier ou nager avec ses enfants et

la tribu Kennedy qui ne la lâche pas d'une semelle : eux aussi, ils ont besoin de l'emblème Jackie. Elle peut leur servir pour la prochaine candidature de Bob à la présidence. En leur compagnie, elle entretient le souvenir de John. Et puis, Joe Kennedy paie toutes ses factures, Bob fait office de bras protecteur, Ethel, Joan et Eunice lui servent de chaperon. A l'abri dans cette tribu qu'elle a pourtant détestée, elle reprend son souffle. Elle n'est plus isolée : elle appartient à un groupe. Elle pense à ses enfants. Il leur faut une image de père. Bob, dont elle est si proche, jouera ce rôle. Il passe les voir presque tous les soirs quand il est à New York, ce qui est souvent le cas puisqu'il y a été élu sénateur.

Les enfants Kennedy sont, comme Jackie, poursuivis par des déséquilibrés qui évoquent la mémoire de leur père. « Je n'ai pas encore identifié cette folle qui a sauté sur Caroline à la sortie de l'église, le jour de la Toussaint. Elle a crié à la pauvre enfant : "Ta mère est une méchante femme qui a tué trois personnes. Et ton père est encore vivant !" Ça a été horrible de la supplier d'arrêter. » Ou le jour de l'anniversaire de la mort de Kennedy, alors que Jackie va chercher le petit John à l'école : « Je remarquai qu'un petit groupe d'enfants, dont certains étaient des camarades de classe de John, nous suivait. Alors l'un des enfants dit à voix haute, pour qu'on puisse bien l'entendre : "Ton père est mort... Ton père est mort." Vous savez comment sont les enfants. Eh bien, ce jour-là, John les écouta répéter cette phrase et ne dit pas un mot. Il se rapprocha de moi, me prit la main et la serra dans la sienne, comme s'il essayait de me protéger et de me faire comprendre que tout irait bien. Et nous sommes rentrés à la maison avec ces enfants à nos trousses [1]. »

Ils font front, tous les trois, soudés par le même malheur. Sombre trinité qui tient le menton haut et fier. Ne pas craquer, ne rien laisser paraître, faire comme si... John se bat dans la cour de récré contre ceux qui le narguent et lui lancent le nom de son père en le provoquant. Jackie, secrètement, applaudit lorsqu'elle est convoquée par le directeur. Elle est là, elle veille sur ses petits. Elle veille surtout à ce qu'ils ne deviennent pas des bêtes curieuses qu'on montre du doigt.

« Je ne veux pas que les enfants soient deux gamins qui habitent la Cinquième Avenue et qui vont dans des écoles chics, écrit-elle à une amie dans une lettre reproduite par Kitty Kelley. Il y a tellement d'autres choses dans le monde que le cocon dans lequel nous vivons. Bobby leur a parlé des enfants de Harlem. Il leur a parlé des rats et des horribles conditions de vie qui peuvent exister au milieu d'une ville riche. Il leur a parlé des vitres cassées qui laissent entrer le froid et John a été tellement ému qu'il a dit qu'il allait travailler et donner son argent pour remettre des carreaux aux fenêtres de ces maisons. A Noël dernier, les enfants ont fait un tas de leurs plus beaux jouets et les ont donnés aux pauvres. Je veux qu'ils sachent ce qu'est la vie dans le reste du monde, mais je veux aussi les protéger quand ils en ont besoin, pouvoir leur offrir un refuge dans lequel ils puissent se mettre à l'abri quand il leur arrive

---

1. Ces témoignages de Jackie Kennedy sont extraits du livre de Kitty Kelley, *Oh ! Jackie*, Buchet-Chastel, Paris.

des incidents qui n'arrivent pas nécessairement à d'autres enfants. Par exemple, Caroline a été renversée par une foule de photographes quand je l'ai emmenée faire du ski. Comment expliquer cela à une enfant ? Et les regards inquisiteurs, et les gens qui vous montrent du doigt et les histoires... Les histoires les plus extraordinaires dans lesquelles il n'y a pas un mot de vrai, de véritables reportages écrits par des gens que vous n'avez jamais rencontrés, ni jamais vus. J'imagine qu'il faut bien qu'ils gagnent leur vie, mais que reste-t-il de la vie privée d'une personne ou du droit d'un enfant à l'anonymat ? »

Le harcèlement ne s'arrêtera pas. Maintenant qu'elle est devenue un mythe, les journaux vendent des histoires sur la veuve Jackie, traquant le détail croustillant. Or rien n'est croustillant dans la vie de Jackie. Raconter la vie d'une nonne ne fait vendre aucun journal. Il faut sans arrêt inventer, transformer un dîner avec deux ou trois amis en un début d'idylle, un après-midi de courses en une fébrile préparation pour l'homme qu'elle vient de rencontrer et pour lequel elle se pare. Et, quand il n'y a rien d'autre à développer, aller interroger les gens qui l'ont une fois approchée : les concierges, les coursiers, les chauffeurs de taxi, les voisins. Les payer au besoin pour leur rafraîchir la mémoire. Une domestique à son service laisse échapper devant un journaliste que Mme Kennedy fait un régime. Jackie la renvoie aussitôt. Elle a l'impression qu'un immense complot a été monté contre elle et ses enfants, et que ceux qui ont tué John veulent maintenant la détruire. Mais plus elle essaie de préserver sa

181

vie, plus elle attise la curiosité. Sa réclusion devient un mystère à élucider, sa solitude, une supercherie, sa dignité, une imposture.

Elle tente d'échapper à ce sinistre procès d'intention en partant à la campagne faire de longues chevauchées, avec ou sans ses enfants. Elle apprend à John à monter et surveille les progrès de Caroline. Ou bien elle galope, seule, dans les bois, heureuse, libre et insouciante. Les promenades à cheval ont toujours été un délassement pour Jackie et un moyen de reprendre souffle. Elle aime la campagne, la nature et l'isolement. Elle voyage fréquemment à l'étranger aussi. Elle ne part jamais seule. Souvent elle emmène ses enfants; quand ils doivent rester à New York pour ne pas manquer l'école, elle part avec des amis. Il suffit que l'un d'eux soit un homme seul, divorcé ou veuf pour que les supputations recommencent. Qui est ce séduisant Espagnol avec lequel on l'aperçoit lors d'une corrida en Espagne? Est-ce pour lui qu'elle a revêtu l'habit de lumière et a défilé à cheval dans une arène? Et ce Lord Harlech qui l'a accompagnée DEUX fois en voyage d'agrément? Va-t-elle l'épouser?

Ce qu'aucun journaliste ne peut deviner, c'est que, bien souvent, ces voyages sont des missions déguisées. Après la mort de JFK, conscient de son charme et de son impact, le gouvernement américain utilise Jackie pour des missions politiques confidentielles camouflées en voyages privés. Jackie est envoyée en ambassadeur pour tâter le terrain, prendre le pouls de l'ami-ennemi avec lequel le gouvernement désire traiter. Elle emmène un « galant » avec elle, et la presse n'y voit que du feu. On parle d'escapade sentimentale, de mariage prochain. Le tour est joué. La poudre aux yeux a fait son effet !

D'autant plus facilement que Jackie aime être entourée. Elle apprécie la compagnie d'un chevalier servant, ou de plusieurs, qui soit à sa dévotion. Elle aime avoir son cercle d'amoureux transis. L'admiration d'un homme la réconforte. Elle se sert de lui comme d'un confident, elle le taquine, se montre cruelle puis tendre, lui fait sentir à quel point il est intelligent et important, sans rien lui accorder. Elle joue les coquettes effrontées de ce XVIIIe siècle français qu'elle aime tant. Nombreux sont ceux qui attendront que la reine s'abandonne, patiemment, sans jamais oser exiger, mais espérant timidement. Elle a toujours eu une cour autour d'elle, qu'elle fascinait. Rappelez-vous, petite, quand elle demandait à des garçons intrigués, haletants, de deviner à quelle chanson elle pensait. Ou quand, à l'université, elle tournait la tête à des étudiants transis avant d'intimer l'ordre au chauffeur de taxi de ne pas arrêter le compteur. Elle aime vérifier que son charme et sa séduction sont demeurés intacts. Elle aime être le centre d'intérêt, jouer les stars et s'éclipser. Pas vue, pas prise ! Le regard de l'homme est vital pour elle... quelques instants, de temps en temps. Mais elle rêve de soupirants plus inaccessibles, plus difficiles. Des hommes qui lui donnent du fil à retordre. Mais personne n'arrive à la cheville de Kennedy.

Plus profondément, il lui faut un homme sur lequel se reposer. Un homme grand, fort, responsable, puissant. Comme John. Pas nécessairement un amant, mais quelqu'un qui l'écoute, la réconforte et s'occupe d'elle. Elle a toujours vécu dans l'ombre d'un homme : son père d'abord, oncle Hughie ensuite, puis son mari. Elle veut concilier l'impossible : être une femme indépendante qui n'a besoin de personne, et vivre auprès d'un homme qui la protège et la rassure. Mais n'est-ce pas là le dilemme de toutes les femmes modernes ? Elles rêvent du Prince charmant qui les traitera en princesse ; en même temps, elles mènent une carrière, gagnent leur vie et n'en font qu'à leur tête. Se plaignent qu'il n'y ait plus d'hommes parce qu'elles n'en trouvent aucun qui puisse tenir les deux fonctions : prince des mille et une nuits et amant libéral et compréhensif. C'est un fantasme féminin qui n'a pas terminé de faire des ravages et mure chaque sexe en une solitude irrévocable. Il n'y a plus d'hommes, disent les femmes, furieuses. On ne comprend plus rien aux femmes, répondent les hommes en écho, que veulent-elles ? Un fantasme qui rend les hommes méfiants, les femmes hargneuses et tristes. C'était le fantasme de Jackie. C'est en cela que son personnage est absolument moderne. A la fin des années soixante, les femmes se divisent en bonnes épouses, bonnes mères ou aventurières. Elle veut être les trois à la fois.

Jackie est issue d'un milieu, d'une époque où le pouvoir financier et politique appartient aux hommes. Les femmes doivent rester passives. Jackie refuse cette soumission et la recherche inconsciemment. Elle exige une entière liberté tout en souhaitant être protégée... de loin.

Elle va se réfugier auprès de Bob Kennedy. Il est aussi

fort que son mari. Il l'a toujours soutenue, ne lui a jamais lâché la main, et il se retrouve patriarche de la famille. Il n'y a rien d'ambigu dans leur relation, bien que certains prétendent qu'ils aient eu une liaison. Il est là. Il est sa référence. C'est un réconfort pour Jackie. Il la conseille, veille sur elle et les enfants et ne lui impose aucune contrainte de vie privée. Elle lui fait confiance, elle lui parle ; il écoute, donne son avis et elle suit ses conseils.

Pour lui, Jackie reprend son rôle de femme Kennedy. A la convention démocrate de 1964, où elle soutient la candidature de Bob à la présidence, elle agit comme un supporter de premier plan. « Kennedy un jour, Kennedy pour toujours. » Elle fait campagne à ses côtés, provoquant des scènes d'hystérie. Un jour, la pression de ses fans fait voler en éclats les vitres du salon où elle serre les mains des délégués. Jackie est une alliée de poids.

Mais Jackie s'ennuie. Jackie est déprimée. Quand elle ne s'échappe pas en croisière, elle se cloître dans son appartement et lit. Le poète soviétique Yevgueni Evtouchenko, qu'elle reçoit chez elle, repart stupéfait par sa connaissance de la littérature russe. Elle étudie Alexandre le Grand, Caton, Juvénal. Elle s'occupe de John et Caroline. Elle consulte un psychanalyste ; elle se sent confinée dans sa légende. Mais on ne guérit pas en quelques mois de tant d'années d'angoisse. Surtout Jackie, qui ne se confie jamais et garde tout pour elle. Elle commence à s'asphyxier dans le clan Kennedy. Elle ne cesse de dépenser comme une acharnée et envoie ses factures à Joe qui, affaibli par son attaque, ne l'assume plus comme autrefois. Rose fronce le nez à chaque addition. Rappelez-vous, les Kennedy sont très pingres. Leur fortune sert à financer des campagnes politiques, et non les colifichets que Jacqueline achète sans compter. Quand ils renâclent à payer, elle pratique le chantage : je soutiens Bob et je porte l'étendard de la famille, mais en échange il faut me donner libre accès à vos dollars. Le côté manipulateur de Jackie revient au grand galop quand elle se sent piégée. Il ne faut jamais l'entraver. Sinon, elle se rebiffe. Raison ou tort, peu lui importe. C'est donnant donnant. Personne ne peut profiter d'elle impunément.

Un homme est là, tapi dans l'ombre. Lui aussi veut s'emparer de l'emblème Jackie pour redorer son image de vieux boucanier aux mains sales. Il s'appelle Aristote Onassis. Avec lui, elle a passé des moments inoubliables sur le *Christina*, juste après la mort de son petit garçon. Elle s'est laissée aller. Elle a même, peut-être, flirté avec lui, pour se reprendre ensuite et retourner à son devoir d'épouse de Président. En vieil amateur de femmes, Ari a senti la fêlure chez Jackie, son appétit insatiable de tout connaître, de tout posséder, sa double nature, son port de reine et ses caprices de petite fille, sa dureté et ses paniques. Il a été ému par ses contradictions. Elles ne lui font pas peur. Au contraire, il se sent capable de la satisfaire. Il est persuadé qu'il n'y a que lui au monde pour la combler. Lors de l'enterrement de John, il a été hébergé à la Maison-Blanche avec les proches et la famille. Depuis, il attend. Il n'a jamais perdu Jackie de vue et s'est faufilé dans le cercle de ses intimes. Sans jamais rien demander. Il fait sa cour longuement, patiemment – d'autant qu'il entretient une liaison passionnée avec la Callas en même temps. Il n'est pas pressé : il connaît la personnalité complexe de sa proie. Il sait qu'il ne faut surtout pas la bousculer. Il met ses bateaux, ses avions, sa cassette à son service. Jackie, émerveillée, se laisse courtiser sans jamais rien demander. Elle profite simplement de quelques commodités luxueuses qu'il lui accorde généreusement. Un avion, un bateau, un séjour sur une île au soleil. Il se montre très discret, n'apparaît jamais en public, et personne ne remarque celui qui va faire éclater le scandale. Ils dînent ensemble quelquefois à New York. Il est à la fois proche et discret. Laisse tomber qu'il songe à l'épouser. Que si elle acceptait il en serait heureux. Elle ne répond pas, mais enregistre sa proposition. Curieusement, les journalistes ne s'emparent pas de leurs rencontres. Ils le trouvent trop âgé, trop rustre, trop forban pour Jackie. Leur Princesse doit épouser un Prince. Américain, bien sûr, et de bonne naissance. Grand, blond, beau et propre. Ils ont tout faux : Jackie aime les voyous, les hors-la-loi, les filous qui imposent LEURS codes et ont un physique tout cabossé. Black Jack, Joe Kennedy, John Kennedy, voilà ses idoles. Les médiocres et les gentils qui respectent les règles du jeu la font bâiller d'ennui.

Elle lui rend visite secrètement à Skorpios. Une île ! Son rêve ! Être coupée du monde dans le silence et le luxe absolu ! Avec des douzaines de paires de chaussures à ses pieds, une cinquantaine de domestiques et des livres à dévorer ! S'enrouler dans un châle, vivre pieds nus et en jean, se faire servir le thé dans un décor sompteux, être seule, hors de portée, peignant ses aquarelles, écrivant à ses amis (Jackie est une grande épistolière), avec ses enfants qui s'ébattent dans la piscine et ne craignent rien, Ari qui passe de temps en temps, offrant chaque fois un petit cadeau. La possibilité d'aller d'un saut d'avion privé où elle veut, voir qui elle veut, le temps qu'elle veut. C'est son idéal de bonheur.

Elle le retrouve aussi à Paris, avenue Foch. Il lui ouvre un budget illimité pour courir les couturiers, les boutiques de luxe, les coiffeurs, les masseurs. Il ne fait aucune remarque sur les autres hommes que croise Jackie. Il le sait bien : aucun ne fera l'affaire. Elle est trop intimidante pour qu'un quidam ose s'emparer d'elle. Jackie décide, s'offre et renvoie. Si elle a des aventures, pendant ces cinq années, presque rien ne transpirera sur le papier journal. Ce seront toujours des histoires brèves, tortueuses, dont Jackie a déjà écrit le mot « fin » avant de commencer, laissant les hommes étourdis et frustrés d'avoir été utilisés.

En mars 1968, Onassis, interrogé sur ce qu'il pense de Jacqueline Kennedy, prononce ces mots énigmatiques : « C'est une femme totalement incomprise. Peut-être aussi d'elle-même. Elle est présentée comme un modèle de bienséance, de constance, de toutes ces vertus féminines américaines si ennuyeuses. Il faudrait un petit scandale pour la ranimer. Les gens aiment s'apitoyer sur la grandeur déchue. »

La famille Kennedy, alertée, se rend en délégation chez Jackie et la supplie de ne pas s'afficher avec Onassis jusqu'à la présidentielle, où Bob a une chance de l'em-

porter. Jackie avoue qu'elle songe à se remarier. Et pourquoi pas avec lui ? demande-t-elle de sa petite voix
enfantine, s'amusant de leur affolement. Ce n'est peut-
être pas une mauvaise idée. Elle est obligée, minaude-
t-elle, d'épouser un homme puissant, sinon, le pauvre
prétendant, quel qu'il soit, sera toujours considéré
comme un monsieur Kennedy. Ils la supplient de patien-
ter encore huit mois. Ce n'est pas grand-chose...
Jackie se rend à leurs arguments. Elle pense surtout
à Bob et à son avenir. Elle décidera plus tard d'accepter ou non la proposition d'Onassis. Au fond, elle n'a
pas encore pris sa décision. Elle hésite. Elle sait qu'elle
va provoquer un scandale. Comme lorsqu'elle avait
gagné le concours de *Vogue* et qu'elle voulait s'installer
à l'étranger, travailler, être indépendante. Sa mère,
comme il y a dix-sept ans, est furieusement contre ce
remariage. Sa sœur Lee est pour. Mais Jackie a changé.
Elle sait aussi, tout au fond d'elle-même, que cette
chance d'être libre, indépendante, débarrassée de tout
son monde, ne se présentera pas une troisième fois.
Elle est fatiguée d'être une monnaie d'échange pour
les Kennedy, une femme respectable pour sa mère et
une icône pour les badauds. Elle a envie de vivre à son
compte. On ne lui coupera pas les ailes une autre fois.
Mais, tout en réfléchissant, elle donne le change et
rentre dans le rang. Les familles respirent, soulagées.
Onassis, peu rancunier, participe au financement de la
campagne de Bob.
Le 6 juin 1968, Bob Kennedy est assassiné. Pour Jackie,
le monde s'effondre à nouveau. Bob mort, sa vieille
angoisse la reprend. Tant que Bob était là, elle se sentait

protégée. Mais maintenant... Qui va prendre sa défense chez les Kennedy? Ce n'est pas Ted, le petit dernier de la famille, sur lequel même ses proches n'osent parier un dollar. Vers qui va-t-elle se tourner pour demander conseil? Un de ses soupirants énamourés qu'elle mène par le bout du nez? Sûrement pas.

Elle revit l'assassinat de Dallas et ses cauchemars reviennent. Elle tient la tête éclatée de John sur son épaule. Elle se revoit à quatre pattes, tachée de sang, sur le capot arrière de la voiture. Plus jamais ça! Terrorisée et bouleversée, elle déclare : « Je hais l'Amérique. Je ne veux pas que mes enfants continuent à y vivre. Je veux quitter ce pays. » Le nom des Kennedy est maudit. Ses enfants sont les prochains sur la liste.

Sa décision est prise : elle épousera Onassis. Elle a besoin, par-dessus tout, de sécurité, elle ne veut plus vivre repliée et traquée. De plus, avoue-t-elle à une amie : « J'aime les hommes plus lourds que moi avec des grands pieds. » Il a 62 ans, elle en a 39, c'est parfait : elle a toujours été attirée par les hommes âgés. Alors, pourquoi pas Onassis?

Elle décroche son téléphone et appelle Onassis. C'est oui. Parfait, répond-il. Il s'est fait faire un check-up complet chez son médecin et tout va bien. Il sera un marié fringant!

A la fidèle Nancy Tuckerman, qui est restée sa secrétaire particulière, la seule femme dont Jackie soit proche, à sa manière, elle confie : « Oh! Tucky, tu ne sais pas à quel point je me suis sentie seule toutes ces années! »

Ce drôle de mariage va connaître de drôles de prémices. La famille Kennedy n'entend pas céder sa veuve célèbre

190

à n'importe quel prix. Exception faite de Rose, la douai-
rière, qui la voit s'éloigner, soulagée. « Cela ne peut plus
durer, déclare-t-elle un jour à la mère de Jackie. Il faut
que votre fille apprenne à vivre sur un autre pied. Mon
mari ne peut pas continuer à financer ses moindres
caprices... »

Ted Kennedy prend les choses en main et se rend
à Skorpios avec Jackie pour discuter du contrat de
mariage. « Je n'espérais pas de dot et je n'en ai pas eu »,
déclare en riant Onassis à des amis. Pire que ça, c'est
une vraie rançon qu'il va devoir payer pour enlever
Jackie. Les Kennedy et leurs avocats demandent une
somme astronomique : 20 millions de dollars. Onassis
se met en colère et négocie jusqu'à 3 millions. Plus un
million pour chaque enfant. En cas de divorce ou de
décès, Jackie recevra 250 000 dollars par an à vie plus
12 % de l'héritage. Ce n'est plus un contrat de mariage
mais un contrat de vente. Quand Ted Kennedy et
ses hommes discutent avec Onassis, point par point,
Jackie s'éloigne. Ce n'est pas son problème. A eux
de se débrouiller ! Mais elle sait qu'elle vaut cher. Elle
ne se laissera pas brader. Elle a pris conscience de sa
renommée et du poids en or de son nom. Au bureau
d'Onassis, on fait remarquer à Ari qu'à ce prix-là
il pourrait s'offrir un pétrolier tout neuf. Le surnom
restera à Jackie. Pour les secrétaires d'Onassis, elle
devient « le pétrolier géant ». C'est son nom de code.
Ari le sait et s'en amuse. Pendant tout le temps que
dureront les négociations, Jackie et Ari se verront peu.
Ari lui envoie rubis et diamants : il lui offrira pour cinq
millions de dollars de bijoux durant leur mariage.

Le mariage est célébré le 20 octobre 1968 à Skorpios. Caroline et John sont présents, pâles et tendus. John regarde ses chaussures et Caroline ne lâche pas la main de sa mère. Les enfants et la famille d'Onassis boudent. Il pleut. Janet Auchincloss et le bon vieil oncle Hughie sont là, parce qu'il faut sauver la face et afficher un semblant de cohésion familiale. La plupart des amies de Jackie ont refusé de venir. « Mais, Jackie, vous allez tomber de votre piédestal en épousant cet homme ! » lui a dit l'une d'elles. « Ça vaut mieux que de me figer en statue », lui a répondu Jackie.

Le monde entier est en état de choc. La vierge noire s'est vendue. Pour un paquet de dollars. Le mariage fait la une de tous les journaux avec les mêmes points d'exclamation horrifiés. « Jackie épouse un chèque en blanc ! » titre un journal anglais. « L'Amérique a perdu une sainte ! » s'exclame un magazine allemand. « Ici c'est la colère, le choc et la consternation ! » proclame le *New York Times*. « John Kennedy est mort aujourd'hui pour la seconde fois ! » clame *Il Messaggero*. « La tristesse et la honte ! » s'écrie *France-Soir*.

Jackie s'en moque. Elle est libre, libre de vivre comme elle veut. Fini le clan Kennedy ! Finie l'attitude critique et condescendante de sa mère ! Finis les délires des journalistes : elle a épousé l'homme le plus riche, le plus puissant du monde. Elle ne craint plus rien. Elle vit un nouveau rêve avec un nouveau papa. Elle a cinq années de frustration à rattraper. Libre ! Libre ! Libre ! Ari est un homme occupé qui ne passera pas son temps à soupirer et à lui tenir la main. Il est drôle, séduisant. « Beau comme Crésus », disait la Callas, qui ajoutera, lorsqu'elle apprendra la nouvelle : « Jackie a fini par trouver un grand-père à ses enfants. »

« Chaque jour, les gardes du corps des enfants passaient au crible les lettres d'insultes qui arrivaient par paquets à son appartement de la Cinquième Avenue. Les commentateurs de la télé condamnaient sa cupidité. Et certains éditoriaux dénonçaient l'ex-First Lady comme un traître à sa patrie », se souvient David Heymann.

Certains prendront sa défense, comme Romain Gary. Il écrira un vibrant plaidoyer en faveur de la nouvelle Mme Onassis dans le journal *Elle*. En voici un extrait : « Le cas de Jacqueline Onassis me passionne parce qu'il jette une lumière frappante sur un des aspects les plus curieux de notre civilisation : la fabrication par l'opinion publique, en collaboration avec les médias, de mythes et d'images d'Épinal n'ayant souvent que fort peu de rapport avec la réalité. La Jacqueline Kennedy telle que le monde entier la racontait n'a jamais existé. Jeune fille enjouée de la haute société américaine, elle avait épousé un homme jeune, de son milieu, beau, extrêmement riche, qui "se trouvait" être – j'insiste là-dessus – aussi un politicien. Au moment de leur mariage, le sénateur Kennedy était plus un play-boy qu'un homme politique. On exige d'elle d'être une veuve admirable, fidèle jusqu'à la mort à la grandeur tragique du destin Kennedy. Rétroactivement, son ménage devient, aux yeux du monde assoiffé de beauté exemplaire, une image de bonheur brisé par la fatalité. Fidélité au mort, fidélité au clan Kennedy, fidélité à l'image d'Épinal que nous nous sommes fabriquée.

Nous exigeons d'elle d'être "à la hauteur" pour notre plus grande satisfaction morale. Lorsqu'il s'agit des autres, rien n'égale notre soif d'histoires exemplaires. Elle avait envie, la petite marquise, de crier zut! à tous ceux qui ne vont plus guère voir Racine et Corneille au théâtre, qui bâillent à Shakespeare, mais que "la beauté des grands malheurs" continue à fasciner. Évidemment, il y a Onassis. Pourquoi Onassis? Qu'il me soit d'abord permis d'avouer ici – *mea culpa* – que je n'arrive pas à éprouver pour Onassis ce mépris bien-pensant que tout le monde, plus ou moins, se plaît à afficher aujourd'hui, peut-être pour se donner à bon compte une supériorité de "qualité" sur l'homme à milliards. Tout compte fait, je préfère un vendeur de cigarettes dans la rue, parti pieds nus de Turquie pour devenir un milliardaire, à un fils à papa, "contestant" ou non, et même à un lord porté par la puissance paternelle et la force de la tradition à ces sommets sociaux qui lui "reviennent de droit". Nous n'avons pas le droit de juger un homme en fonction de sa pauvreté ou de ses milliards. Nous sommes tous des "parvenus" de quelque chose: ceux, du moins, qui ont fait quelque chose de leur vie. Certes, notre Grec était ou est propriétaire du casino de Monte-Carlo, mais le prince Rainier et ses ancêtres l'étaient également. Que faites-vous donc lorsque vous êtes une adorable marquise qui aime le soleil, la mer, les voyages, qui a soif d'insouciance et qui surtout, surtout! en a assez de tragédie grecque? Vous épousez un Grec sans tragédie. Prenez la grandeur de l'Histoire, le mythe, le sang, le sérieux, et cherchez exactement le contraire de tout cela : vous risquez fort de tomber sur Aristote Onassis. Vous avez vécu dans l'ombre d'un homme très puissant : vous choisissez un homme également très puissant, mais qui, lui, vivra dans votre ombre. Vous n'avez jamais été une femme choyée : votre illustre mari avait autre chose à faire. Vous épousez donc cette fois un homme qui jettera toute son immense fortune à vos pieds, pour qui vous êtes le couronnement triomphal, inespéré, fou, d'une vie de "parvenu". Il va faire de notre adorable marquise une véritable reine... »

Merci, Romain Gary. Merci, Pierre Salinger, qui écrivit à Jackie pour lui dire « qu'elle ne faisait de tort à personne, qu'elle pouvait agir comme elle le voulait ». Merci à Elizabeth Taylor, qui déclara : « Je trouve Ari charmant et attentionné. Je pense que Jackie a fait un excellent choix. » Merci à Ethel Kennedy, dont le télégramme de félicitations se terminait ainsi : « Ari, vous n'avez pas un petit frère ? »

Merci, enfin, au vieux Joe Kennedy, qui, lorsqu'il eut vent du projet de mariage entre sa belle-fille préférée et le vieux forban des mers (qui lui ressemblait étrangement), se fit transporter dans l'appartement de Jackie et, bien que paralysé et incapable de parler, lui donna sa bénédiction en langage codé !

Pourquoi n'aurait-on pas le droit d'être émue par la richesse comme on est émue par la beauté ou l'intelligence ? Les magazines sont remplis de ces « personnalités » – dépourvues, en réalité, de la moindre personnalité –, de ces hommes au beau visage vide devant lesquels les femmes s'extasient. Ceux-là, Jackie ne les regarde pas. Et si elle fait la queue à 20 ans pour apercevoir son idole, c'est pour les beaux yeux de... Winston Churchill! L'imaginaire se nourrit de substances étranges et souvent peu recommandables. Souvenez-vous de la phrase de Colette : « Un homme indigne me manque terriblement. » Pour Jackie, ce sont la puissance et l'argent qui font battre son cœur, et non la beauté ou la jeunesse. C'est un tort?

D'ailleurs qui nous dit qu'il n'y a pas eu de véritable romance au début de leur histoire? Après tout, elle n'était pas obligée d'épouser Ari. Si elle l'a fait, si elle a bravé l'opinion et exposé ses deux enfants (ce qui n'est pas rien pour elle), c'est qu'elle en avait profondément envie et que, devant ce désir fou et inexplicable, elle a préféré se rendre que résister.

Larry Newman, un journaliste, voisin de Jackie à Cape Cod, les aperçut « remontant la rue, main dans la main, esquissant quelques pas de danse, jouant comme des gamins. Je les voyais déjeuner – poisson grillé et champagne – et ils avaient l'air très heureux ensemble. Je me disais : "N'est-ce pas formidable qu'elle ait enfin trouvé quelqu'un avec qui partager sa vie?" Nous avons tous entendu tellement de rumeurs à propos de l'argent qu'elle a touché par son mariage avec Onassis, mais j'ai toujours pensé qu'ils étaient très amoureux. Il avait l'air d'un type séduisant, d'un type qui savait s'y prendre avec les femmes ».

Et si (mais là je m'aventure...) elle avait eu une révélation avec Onassis? Si elle avait découvert des frissons qu'elle n'avait jamais éprouvés auparavant, des frissons – lâchons l'horrible mot, aussi sale que le mot « argent » – sexuels? Pendant trois semaines après leur mariage,

Jackie et Onassis restent seuls à Skorpios. Ils se baignent, lézardent au soleil, se promènent, pêchent et... s'ébattent. Ils sont, selon Onassis, « comme Adam et Ève au paradis terrestre ». Ari raconte à son associé qu'ils ont fait l'amour cinq fois dans la nuit et deux fois encore le matin. Onassis aime faire l'amour partout, dans les endroits les plus surprenants. Un marin du *Christina* qui le cherche pour passer à table, le surprend dans une chaloupe arrimée au yacht en train de forniquer avec Jackie. « Je lui ai dit : "On vous cherche partout !" Il m'a répondu : "Eh bien ! Vous m'avez trouvé. Partez maintenant !" »

Onassis est un homme qui plaît aux femmes, qui aime les femmes, qui prend le temps de vivre. Différent de John Kennedy qui se satisfaisait d'une consommation brève et bâclée.

Les rares personnes qui verront Jackie lors de la première année de son union avec Onassis la trouveront heureuse, détendue, gaie, comme elle ne l'a jamais été. Elle a découvert que le mariage pouvait être une partie de plaisir, et elle savoure. Ils vivent heureux et cachés. Aux yeux d'Ari, Jackie est une reine pour laquelle rien n'est trop beau. Il loue le théâtre d'Épidaure pour elle toute seule et l'emmène en pleine nuit écouter un opéra. Perdue dans les étoiles et la musique, Jackie est éblouie. Il fait construire une villa spécialement pour elle et ses enfants : un « cottage » de cent soixante pièces. Il barde l'île de dispositifs de sécurité pour que personne ne vienne la déranger, met à sa disposition un dépliant de cartes de crédit afin qu'elle puisse acheter ce qu'elle veut, l'encourage même à dépenser. « Jackie a connu des années de tristesse, dit-il, si ça l'amuse, laissez-la dépenser ce qu'elle veut.» Il lui téléphone tous les soirs, où qu'il soit dans le monde. Lui écrit des petits mots d'amour chaque matin, parce qu'elle s'est plainte que John ne l'ait jamais fait en dix ans de vie commune. Et dépose sur son plateau de petit déjeuner un collier de perles, une bague de diamants, un bracelet en or, qu'elle enfile en poussant un soupir de joie. Elle a épousé son roi! «Tu es une reine, ma beauté, ma plus que belle, mon tout le plus beau du monde...» Les mots de son père chantent dans sa tête et elle sourit, émerveillée.

Les nouveaux mariés ne vont rester qu'un mois ensemble dans l'isolement de leur île. Jackie doit retourner à ses enfants et Onassis à ses affaires. Les enfants continuent à passer avant tout, et Jackie organise sa vie en fonction de leurs vacances scolaires, rejoignant Ari quand Caroline et John n'ont plus classe. Bien que très indépendants l'un et l'autre, ce mode de vie séparé ne va pas contribuer à les rapprocher. Ils vont reprendre tous les deux très vite leur liberté. Au début, ils font tout pour se retrouver, sur un continent ou un autre; mais, peu à peu, chacun est repris par sa routine. Leurs rencontres dépendent d'un emploi du temps très serré, géré par des secrétaires et des étrangers. Mais Ari continue à appeler tous les soirs.

Dès qu'elle quitte Skorpios, où elle vit en maillot et en jean, Jackie est reprise par sa folie des grandeurs : elle dépense sans limites. Elle signe, signe, signe ses reçus de cartes de crédit. Quand elle n'a pas le temps de signer, elle jette au vendeur éberlué : «Envoyez la facture au bureau de mon mari.» Cela aussi fait partie du rêve. Il lui suffit de dix minutes pour dépenser 500 000 francs dans un magasin! Elle achète tout et n'importe quoi : des collections entières chez les couturiers français, des vieilles pendules, des chaussures par dizaines, des statues, des peintures, des canapés, des tapis, des tableaux.

«Elle agissait comme dans un rêve, on l'aurait dit hypnotisée, raconte Truman Capote. Un jour que je donnais une réception, mon chien mangea le manteau en zibeline de Lee Radziwill. Radziwill était furieux. Jackie trouvait ça drôle. "T'en fais pas, lui dit-elle, on en achètera un autre demain aux frais d'Ari. Qu'est-ce que ça peut bien lui faire?"» Jackie a 300 000 francs d'argent de poche par mois mais ça ne lui suffit pas. Lorsqu'elle se lance dans les achats, c'est pour réparer, compenser, oublier. Il y a des gens qui boivent, se droguent, font de la boulimie, se fabriquent des cancers. Jackie, elle, dépense.

Que s'est-il passé pour que sa folie la reprenne? La réalité l'a-t-elle rattrapée par le bout de la manche, balayant son beau rêve? Les fantasmes perdent leur couleur au contact de la réalité, et les contes de fées prennent l'eau très vite. Et s'il y a une chose dont Jackie ne veut pas entendre parler, c'est de la réalité. Elle a vécu trop de drames. Elle n'est pas assez forte pour l'accepter. Trop apeurée pour s'arrêter un moment et se poser les bonnes questions. Elle exige que les rêves durent toujours et que les mauvaises fées n'apparaissent jamais...

XI

Dans l'île de Skorpios, Jackie et Ari vivent au paradis. Par certains côtés, ils se ressemblent. Ce sont deux grands solitaires, très entourés mais seuls. Deux esthètes, amoureux de la vie dorée de milliardaire, indépendants, volontaires, séducteurs. S'ils étaient restés cloîtrés tous les deux sur leur île, leur bonheur aurait duré plus longtemps. Ari s'occupe des enfants Kennedy et ses attentions émeuvent Jackie. « Il était très généreux avec eux, relate Costa Gratsos, le bras droit d'Onassis. Il acheta un voilier à Caroline, un hors-bord, un juke-box et une mini Jeep à John-John. Il leur offrit des poneys shetland. Mais au-delà des cadeaux, il essayait de donner de sa personne. Il assistait aux représentations scolaires à New York et allait les regarder monter à cheval dans le New Jersey à la place de Jackie. Et ce n'était pas une partie de plaisir pour lui. Il n'aimait pas les chevaux. Il se plaignait toujours de ce que la boue et le crottin de cheval abîmaient ses chaussures et son pantalon. »

Les enfants sont mal à l'aise avec ce beau-père qui a l'âge d'être leur grand-père. Caroline l'épie sous ses

longs cheveux d'adolescente. John-John se laisse plus
facilement séduire, mais du bout du cœur. Ils ne comprennent pas très bien le choix de leur mère, mais ils
l'acceptent. Parce que c'est leur mère et qu'ils l'aiment
plus que tout au monde. Jackie saisit ces nuances et
leur sait gré de ne pas provoquer de conflits ouverts.
Jackie et Ari feront de leur mieux pour que leur bonheur dure. Quand ils sont seuls, ils se retrouvent. Ils
n'ont pas besoin de parler : ils se tiennent par la main
et se sourient.
Oui mais... Ils sont rarement seuls. « Onassis était un
homme d'affaires international qui gardait tous les
dossiers et les comptes de ses multiples entreprises dans
sa tête. Son bureau était là où il se trouvait et, pour
l'aider, il était entouré d'une douzaine d'assistants
qui s'adressaient à lui dans des langues que Jackie ne
connaissait pas, raconte Stephen Birmingham. John
Kennedy, également, avait sa cour, mais Jackie était
capable de comprendre ce qui se passait. Les affaires
d'Onassis étaient un tel mystère pour elle – et pour
beaucoup d'autres ! – qu'elle jugea plus pertinent de ne
pas lui en parler. Certains des hommes d'Onassis lui
étaient sympathiques. D'autres, pas du tout. Ces derniers se comportaient avec elle comme avec une gêneuse
qui s'interpose entre le patron et eux. Ils la traitaient
très mal, lui disant à peine bonjour, et se précipitaient
sur Onassis avec qui ils se mettaient à parler à voix
basse et en grec. Jackie trouvait cela très grossier. Et en
plus, Onassis avait l'air de les tenir en plus haute
estime qu'elle ! »
Le malentendu commence là : Onassis traite Jackie

comme une petite fille avide de bijoux, de luxe et de beauté, mais il ne parle pas à sa tête. Jackie est un ornement dans sa vie, une odalisque, une célébrité qu'il cajole et domine. Il a le sentiment de la « tenir » physiquement et financièrement, et cette emprise le gonfle de fierté. C'est lui le maître. Il a réussi là où de nombreux soupirants, américains, bien élevés et bien nés, avaient échoué. Jackie aspire à être gâtée, adorée. Mais elle désire, en plus, être considérée. Comme elle l'était à la fin avec John. Elle voudrait être son ambassadrice, sa confidente, son alliée dans l'ombre. Être une délicieuse potiche ne l'a jamais satisfaite. Le monde d'Onassis est un monde d'hommes. Une femme n'y a pas sa place. « Sois belle, dépense et tais-toi. » Une femme n'a pas à solliciter d'autres ambitions. Ce regard condescendant la blesse, et elle essaie de ne pas y penser. Mais le petit pois fait des bleus à la Princesse.

Au début, Jackie se montre conciliante. Elle mène la vie d'Ari : une vie de noctambule dans des boîtes de nuit, toujours entourée de ses hommes. Si elle se rebiffe et fait mine de partir, il la rappelle à l'ordre d'un index menaçant ou d'un regard noir. Elle se rassied, troublée par le pouvoir qu'il a sur elle. On dit même qu'il l'a matée, qu'il a transformé la reine impétueuse en une enfant obéissante. Elle fait tout ce qu'il veut. Parfois, elle prend sa revanche en lui lançant des piques. C'est sa manière à elle de rappeler qu'elle existe. Elle se moque devant tout le monde de son manque d'élégance. « Regardez-le, dit-elle. Il doit bien avoir quatre cents costumes dans ses penderies et il porte toujours le même gris à New York, le même bleu à Paris et le même

marron à Londres. » Ari fait celui qui n'entend pas. Et
Jackie a le sentiment de marquer un point.

En fait, Onassis est très superstitieux. Quand il a signé
un gros contrat, il ne quitte plus le costume qu'il portait
ce jour-là. Mais il pourrait répondre la même chose à sa
femme, presque toujours en jean et en tee-shirt.

Il ne lui parle jamais de ses affaires et ne vit que pour
son empire. Très vite, elle se sent reléguée au deuxième
plan. Frustrée, elle répète le même schéma qu'avec
Kennedy : elle décore à tour de bras et remplit ses penderies jusqu'à ne plus pouvoir les fermer. Elle fait venir
ses décorateurs, court les ventes et achète. Elle amé-
nage les maisons, les bateaux, pour qu'ils aient un
« chez-eux ». Il ne remarque rien, la traite comme une
courtisane ou passe en coup de vent. Il est toujours en
avion, sur les mers ou au téléphone. Elle redécouvre
l'attente, la frustration et l'abandon.

« Il travaillait beaucoup et voyageait sans arrêt, poursuit Stephen Birmingham. Il n'était presque jamais là.
A New York, il possédait une suite à l'hôtel Pierre et
comme il travaillait souvent tard dans la nuit, il pré-
férait y dormir que de rejoindre Jackie dans son appartement. Parfois, elle l'accompagnait dans ses dépla-
cements. Mais, la plupart du temps, elle restait chez
elle. A profiter du luxe dans lequel il la faisait vivre.
Elle dépendait complètement de lui financièrement.
Elle essaya bien de placer son argent sans écouter les
conseils d'Ari, mais ce fut une catastrophe. Elle lui
demanda alors, naïvement, de bien vouloir combler
ses pertes. Énervé par son inconscience, il lui répondit qu'elle n'avait qu'à vendre une partie des bijoux

et des tableaux de maître qu'il lui avait achetés. Elle n'apprécia pas. »

Elle souffre de ces remarques qu'elle prend aussitôt pour un manque d'amour. Il n'en faut pas beaucoup à Jackie pour se sentir offensée, blessée. Elle est sûre de sa séduction, de son pouvoir quand l'idylle est au zénith, mais remâche tout en noir à la première fausse note. Elle se fige alors en statue impériale. Cela satisfaisait John Kennedy qui pouvait continuer à badiner, plein d'entrain. Cela irrite Onassis, qui ne comprend rien et la rudoie comme une enfant. Il n'a pas le temps de regarder Jackie. Quand il est avec une femme c'est autant pour épater les autres que pour son propre plaisir. Il ne s'affiche qu'avec des femmes célèbres. Les autres, il les rejoint à deux heures du matin et repart à l'aube.

Subjuguée, la première année, par son autorité et sa virilité, elle le prend vite en grippe pour les mêmes raisons. Il veut en faire sa « chose ». Il croit la tenir physiquement parce que, avec lui, elle s'est laissée aller à être heureuse ; elle se reprendra. Personne, jamais personne, ne pourra se vanter d'avoir abaissé Jacqueline Bouvier. S'il voulait une ravissante idiote qui le suive partout et lui obéisse au doigt et à l'œil, ou une petite bourgeoise rassurée parce qu'il paie les traites et lui fait des enfants, il se méprend. Elle n'est pas la Callas qui a abandonné mari et métier pour le suivre. Quelle gourde, celle-là ! pense Jackie. C'est le meilleur moyen de le perdre. Il faut tenir la dragée haute aux hommes de cette espèce. Encore une fois, Black Jack avait raison : toujours garder ses distances et afficher un sourire éclatant, énigmatique où les autres se perdent.

Ce délicieux frisson qui s'emparait d'elle quand Ari lui parlait comme un père autoritaire à sa fille, quand il la renversait n'importe où et lui faisait perdre la tête, elle va y mettre fin. Il n'aura bientôt plus aucun pouvoir sur elle. Si le plaisir physique doit mener tout droit à la dépendance, à la soumission, donc au malheur, elle le rayera de sa vie. Elle reprend son cœur.

Elle retournera à ses habitudes d'antan et ne fera plus aucun effort pour lui. Et puisqu'elle n'est bonne qu'à dépenser, eh bien! elle va dépenser. Sans retenue. L'argent est sa vieille arme, son outil de revanche. Je ne suis qu'une mondaine étourdie par l'argent? Il va être étourdi par mes factures! Fière et orgueilleuse, elle décide de lui tenir tête et de reprendre son indépendance morale et sentimentale.

Jackie aime se lever tôt, prendre le petit déjeuner avec ses enfants et les voir partir à l'école. Elle préfère se coucher vers dix heures, avec un livre. Ou sortir pour écouter un opéra, voir un ballet ou une pièce de théâtre en compagnie de personnes raffinées qui apprécient et développent critiques et compliments lors d'un léger souper.

Ari est à la fois seigneur et paysan. Il sort tous les soirs et dort quatre heures par nuit. A l'opéra, il ronfle. Il apprécie les plats simples, les filles qui se rendent sans manières, les fêtes populaires, le débraillé. Il recherche les petites tavernes grecques, les restaurants où il peut monter sur la table et danser le sirtaki. Il rentre chez lui à trois heures du matin et se réveille à sept heures pour téléphoner à l'autre bout du monde.

Jackie boude et le laisse sortir seul. Qu'il fasse ce qu'il

veut, ce n'est plus son problème! Il s'affiche avec des
mannequins, des célébrités, revoit la Callas. Une photo
d'Ari et Maria paraît dans les journaux. Jackie répond
en se montrant avec son bataillon de soupirants habi-
tuels.

C'est la guerre. La guerre ouverte. Onassis déclare à
un journaliste : « Jackie est un petit oiseau qui réclame
sécurité et liberté et je les lui offre volontiers. Elle peut
faire exactement tout ce qu'il lui plaît. Et je ferai de
même. Je ne lui pose jamais la moindre question et elle
non plus. »

En lisant ces mots, dans son appartement de New York,
Jackie s'affole. Qu'est-ce que ça veut dire ? Il s'est fati-
gué d'elle et pense à la quitter ? Sa vieille « abandonnite »
refait surface, c'est plus fort qu'elle, et la fière Jackie
prend l'avion pour Paris et fait amende honorable.
L'idée qu'il puisse envisager une séparation la détruit.
Elle n'a pas compris que, comme tous les hommes trop
convoités et trop gâtés, Onassis est lassé de son jouet.
Il a fait plier Jackie, l'a épousée, a scandalisé le monde.
Il a eu son compte de publicité et d'honneurs. Il peut
maintenant passer à autre chose. Il a revu la Callas,
retrouvé leur vieille complicité, la dévotion de la Diva
qui l'aime à en perdre la voix. Elle est grecque comme
lui, passionnée et soumise. Elle l'attend, le comprend,
l'accepte tel qu'il est. En sa compagnie, il se repose.
C'est sa femme, au sens grec du mot.

Tout ce qui l'amusait avant chez Jackie l'ennuie. Il
lui reproche sa folie des achats, son manque de cœur,
son indifférence envers ses enfants à lui, Christina et
Alexandre, envers sa culture. Alors, il se montre indif-

férent, cruel, et Jackie baisse la garde. Elle est prête à tout pour le garder et signe une lettre qui réduit sa part d'héritage à 2 % de la fortune d'Onassis. Tout plutôt que de le perdre. Non qu'elle l'aime encore – elle s'est juré de mettre fin à ce sentiment dangereux –, mais elle ne supporte pas l'idée d'être quittée. Elle rompt quand c'est elle qui le décide. C'est sa décision. Sinon la séparation devient un traumatisme dont elle ne guérit pas. Avec John, elle était protégée par l'Histoire : un Président ne divorce pas. Avec Onassis, elle n'a aucune assurance. Ils concluent un pacte : ils se comporteront comme si tout allait bien entre eux. Ils sauveront l'image. Il continuera à payer ses dépenses, mais il reprend sa liberté.

Jackie est rassurée : il reste. Les autres femmes ? Une liaison unique et tapageuse la dérangerait, des liaisons discrètes lui conviennent tout à fait. L'homme d'affaires d'Onassis, Costa Gratsos, affirme alors que « le degré d'affection de Jackie pour Onassis était directement proportionnel aux sommes qu'elle en recevait ».

C'est plus compliqué que cela. L'argent, pour Jackie, est une manière de s'entendre dire « je t'aime ». Plus elle est autorisée à dilapider, plus cela signifie qu'on tient à elle. Rappelez-vous : Black Jack, dans les magasins, flambant l'argent qu'il n'avait plus pour ses deux petites princesses, les encourageant à dépenser encore et encore, offrant colliers de perles, gourmettes en or, tenues de cheval jusqu'à ce qu'il ne lui reste plus de chèques à signer. Et, cependant, multipliant les maîtresses, les imposant à Jackie et à Lee. Jackie se réconfortant, en se disant que ces femmes de passage ne sont pas importantes : c'est elle qu'il aime par-dessus tout. Elle pour qui il se ruine...

Tant qu'un homme est là et la comble, c'est qu'il l'aime. Le reste – les maîtresses, les disputes, les affronts – elle connaît et elle ferme les yeux. Elle se bouche les oreilles depuis si longtemps qu'elle a appris à ignorer ce qui la dérange. Elle grimpe sur son nuage et se raconte des histoires.

Pour effacer ses angoisses, elle se retourne vers le mari défunt, parfait et mythique. Elle ravive la flamme éternelle, sachant qu'ainsi elle se refait une réputation et mortifie Ari. Elle est présente à toutes les célébrations, les commémorations, les inaugurations qui concernent John Kennedy. Onassis n'a peut-être pas de rival vivant mais il en a un mort, qui est bien plus encombrant.

« Il n'était pas facile à un fier mari grec de vivre dans l'ombre d'un autre. De là un antagonisme intime qu'il n'avait pas prévu et qui se ravivait à chacun des anniversaires que Jackie se plaisait à célébrer : celui de la mort de John, celui de leur mariage et tous ceux des grandes étapes d'une carrière que Jackie ne cessait de rappeler à ses enfants », raconte David Heymann.

Ne dépendant plus d'eux, elle se rapproche des Kennedy. Elle renoue l'ancien lien. Elle se récupère au contact d'une tribu qui a reçu la même éducation qu'elle. Elle ne les en aime pas davantage. Mais, au moins eux, elle les comprend. Face au « pack Onassis », elle a son « pack Kennedy ». Un partout. Et si les hommes d'Onassis la dédaignent, les Kennedy, fascinés par sa fortune et sa résistance, la célèbrent. Jackie ne reste pas longtemps une perdante. Elle prend la tête de la famille, naturellement, remplaçant le vieux Joe qui n'est plus qu'une ombre.

C'est elle que Ted Kennedy appellera en premier lors de l'affaire de Chappaquiddick, en juillet 1969. Pendant les neuf heures qui précèdent sa déclaration d'accident aux policiers locaux, neuf heures où il erre, n'osant pas assumer son erreur, il essaie, en vain, d'atteindre Jackie. Jackie, la femme forte, qui se tire de toutes les situations. Quand il réussit enfin à lui parler, elle le console comme un petit garçon. Dans une lettre, elle lui propose d'être le parrain de Caroline, qui, depuis la mort de Bob, en est privée.

Après cet accident terrible, la carrière politique de Teddy est ruinée et le vieux Joe Kennedy s'éteint. Sa mort est une perte terrible pour Jackie qui avait déclaré, peu de temps après son premier mariage : « Après mon mari et mon propre père, j'aime Joe Kennedy plus que quiconque au monde. »

Heureusement, il lui reste ses enfants. Elle suit leurs études, monte à cheval avec eux tous les week-ends, veille à ce que John-John, qui est d'un naturel indolent, s'endurcisse, à ce que Caroline devienne une parfaite jeune fille. « Il est à l'honneur de Jacqueline Onassis d'avoir fait de Caroline et de John junior des enfants sérieux, équilibrés, éloignés de toute publicité. Elle y est parvenue toute seule alors que tout s'y opposait. Ce n'était pas évident ; il n'y a qu'à considérer la plupart des autres Kennedy de cette génération », rapporte la mère de camarades de jeu des petits Kennedy. Jackie n'a pas peur de donner de l'amour à ses enfants ou aux enfants en général. Elle veille sur les amis de John et Caroline comme s'ils étaient les siens.

John a appris à se débarrasser des cinglés. « Il y avait toujours trois ou quatre bonnes femmes qui traînaient autour de son école, de vieilles mémés inoffensives en pantalon et bigoudis qui ne cessaient de demander : "Où est John-John ?", raconte une mère d'élève. Un jour elles tombèrent sur lui : "Connais-tu John ?

– Oui, répondit-il.

– Il est comment ?

– C'est un type formidable !" »

Ce bel équilibre est l'œuvre de Jackie.

Elle a plus de problèmes avec les enfants d'Onassis, qui ne l'ont jamais acceptée. Alexandre la fuit et Christina persifle. Si Jackie l'aide à s'habiller, lui conseille de maigrir, Christina lui jette qu'elle ne veut pas ressembler à un « insipide mannequin américain ». Elle épouse n'importe qui pour contrarier son père, puis l'appelle au secours et lui demande de venir l'enlever. Jackie trouve qu'elle manque de tenue, que c'est une enfant gâtée, une gosse de riche. Onassis lui reproche sa dureté. Il est lui-même culpabilisé vis-à-vis de sa fille. Il n'a jamais vraiment eu le temps de s'occuper d'elle et, pour compenser son absence, il l'a bombardée de cadeaux. Christina devient un sujet de dissension. Le ressentiment d'Onassis envers Jackie grandit.

Il finit par perdre tout respect pour elle. Si elle demande ce qu'elle peut faire à bord du *Christina*, où elle s'ennuie, il lui suggère de « décorer les menus ». Il s'éloigne de plus en plus. « Il m'avoua que sa plus grande folie fut ce projet imbécile d'épouser Jackie

Kennedy. C'est l'erreur la plus coûteuse et la plus imbécile qu'il ait jamais faite », raconte un intime.

La classe et l'élégance de sa femme l'énervent. Pour l'exaspérer, il se montre volontiers grossier. Il mange en faisant du bruit, rote, avale tout cru, recrache. A un journaliste qui le poursuit pour avoir une interview, Onassis répond : « Vous voulez que je vous donne le secret de mon succès ? » Et il défait son pantalon, baisse son caleçon, exhibe ses parties génitales et ajoute : « Mon secret, c'est que j'ai des couilles ! »

Quand elle corrige ses erreurs devant des tiers, il explose. Rappelle le montant de ses factures. « Deux cents paires de chaussures en une seule fois ! Je suis peut-être colossalement riche, mais je ne comprends pas ! Cette femme est folle ! On ne peut pourtant pas dire que je la laisse dans la misère ! Et les chaussures ne sont qu'un exemple ! Elle commande des sacs, des robes, des manteaux, des tailleurs par douzaine, plus qu'il n'en faudrait pour approvisionner un magasin de la Cinquième Avenue ! Elle ne sait pas s'arrêter. J'en ai marre. Je veux divorcer ! »

Il se moque de sa petite voix, de sa cour d'amis new-yorkais – « Tous des folles ! » –, raille sa manie de s'enrouler dans des châles, des écharpes. Une vraie clocharde. Avec tout l'argent qu'il lui donne ! L'emmène dîner chez Maxim's puis la ramène avenue Foch, lui dit de monter seule : il va dormir chez un ravissant mannequin. Jackie ne bronche pas, se couche et sanglote. Comment en sont-ils arrivés là ? La fin d'*Autant en emporte le vent* défile dans sa tête. Elle entend Scarlett crier à Rhett : « Mais qu'est-ce que je vais devenir ? », et

Butler-Onassis de lui répondre d'une voix calme :
« Franchement, ma chère, je n'en ai rien à faire... »
Elle a cessé de l'émouvoir. Et il ne paie plus ses débordements. Elle revend ses robes, ses sacs et ses colifichets
dans un magasin de New York, pour gagner quelques
dollars. Il l'apprend et la traite de radin. Il est vrai qu'il
est, lui, d'une grande générosité. D'après Costa Gratsos, « non seulement il entretenait une famille de
soixante personnes mais il traitait ses employés, ses
domestiques comme s'ils en faisaient partie. Il exigeait
beaucoup d'eux mais les récompensait par des cadeaux,
et beaucoup de gentillesse. Si la femme d'un jardinier
de Skorpios avait besoin de soins médicaux, il s'assu-
rait qu'elle les recevait. Si ce même employé avait un
fils brillant, il payait ses études. Il donnait toujours des
pourboires énormes. S'il prenait un taxi, il offrait au
chauffeur le double du prix affiché au compteur ».
Il n'avait pas peur de manquer. Il avait connu la pauvreté crasse, l'humiliation des moins-que-rien, et il
s'en était sorti. Rien ne lui faisait peur, et surtout pas
le manque d'argent. Il avait confiance en lui et savait
qu'il vaincrait tous les obstacles, surmonterait toutes
les douleurs.
Toutes, sauf une. Le 22 janvier 1973, Alexandre, son
fils, trouva la mort dans un accident d'hélicoptère. Cet
événement fut fatal à Ari et lui ôta l'envie de vivre.
A partir de ce moment, l'homme riche et puissant,
l'homme sans lois ni scrupules, le génial homme
d'affaires va se désagréger lentement. Jackie, à ses côtés,
ne comprend pas sa douleur et le trouve impudique.
Habituée à ne jamais rien laisser paraître, elle se sent

complètement étrangère au désespoir de son mari. On ne doit jamais montrer sa douleur en public. C'est indigne. Elle se souvient d'Ethel Kennedy, la femme de Bob, qui alla consulter un médecin, juste après la mort de son mari, afin qu'il lui donne un médicament pour ne pas pleurer ! Jackie approuve de tels comportements. C'est son éducation, sa culture. Elle ressent du dégoût envers Onassis qui crie, sanglote et se répand en imprécations contre le ciel, les dieux et le destin ! Sa répulsion pour lui grandit. Elle ne veut plus dîner à la même table, parce qu'elle trouve qu'il se tient mal. Onassis découvre, révulsé, la femme qu'il a épousée. « Elle veut mon argent mais pas moi. Elle n'est jamais avec moi. »

Il refait son testament, la rayant complètement de son héritage, et lui alloue une pension à vie ainsi qu'à ses enfants. Il veut divorcer et engage un détective privé pour la suivre et la prendre en flagrant délit d'adultère. Le détective revient bredouille. Six mois après la mort de son fils, il tombe gravement malade. Les médecins diagnostiquent une myasthénie, maladie qui détruit les muscles. Ne pouvant plus ouvrir l'œil, il scotche sa paupière avec du sparadrap. Il en plaisante. Il continue à travailler, mais le cœur n'y est plus. Début février 1975, il s'effondre, victime de graves douleurs au ventre. Il entre à l'hôpital américain de Neuilly pour se faire soigner. Jackie vient le voir, mais, ne le trouvant pas si mal en point, repart aussitôt pour New York.

Le 15 mars 1975, Aristote Onassis meurt. Sa femme est à New York. Elle assistera aux funérailles, accompagnée de Ted Kennedy, dans la petite chapelle de l'île de Skorpios où ils s'étaient mariés six ans et demi auparavant. Elle ne laissera rien paraître de leurs querelles et prononcera, devant la presse, quelques mots « parfaits » sur son mari : « Aristote Onassis m'a secourue à un moment où ma vie était plongée dans l'ombre. Il m'a conduite dans un monde d'amour et de bonheur. Nous avons vécu ensemble des moments merveilleux que je n'oublierai pas et pour lesquels je lui serai toujours éternellement reconnaissante. »

La mort avait frappé, l'heure du culte commençait.

Elle continuera à se faire appeler Mme Onassis, parlera d'Ari dans les dîners new-yorkais avec des étoiles dans les yeux, racontera les folies qu'il orchestrait pour elle, le bonheur étourdissant qu'il lui avait fait connaître. Il doit à tout prix rester ce rêve merveilleux qui l'a rendue si heureuse pendant quelques mois. Il rejoint sur les marches du podium ses deux autres héros, dont elle continue à fleurir le souvenir : Jack Bouvier et John Kennedy. Si la réalité a tragiquement et souvent raison de Jackie, celle-ci persiste à l'ignorer, comme elle ignore tout ce qui la dérange.

XII

A la mort d'Onassis, sa fortune est évaluée à un milliard de dollars [1]. C'est sa fille, Christina, qui hérite de la plus grosse partie. Jackie et Christina vont se livrer une bataille sans pitié autour du testament. Pour éviter un procès interminable, Christina et ses conseillers offrent un forfait de 26 millions de dollars (420 millions de nos francs d'aujourd'hui) à Jackie qui accepte. Christina est soulagée de se débarrasser de Jackie, qu'elle appelle « la veuve noire ». Elle avouera plus tard qu'elle était prête à lui donner encore davantage.

Dans sa biographie de Jackie, Stephen Birmingham analyse très bien l'attitude de Christina : « Jackie portait malheur. Christina avait le sentiment que Jackie tuait tout ce qu'elle touchait. C'était l'ange de la Mort. » Sentiment conforté par Costa Gratsos. « Elle attirait le drame comme le paratonnerre la foudre. Témoins : John et Bob Kennedy. Christina avait peur de Jackie. »

---

1. Six milliards de francs « lourds » de l'époque, soit 18 milliards de nos francs.

Elle lui attribuait des pouvoirs magiques. Autour d'elle, tout le monde mourait. »

A 47 ans, Jackie a, enfin, les moyens d'apaiser ses angoisses. Elle n'aura plus jamais de soucis d'argent. Elle va pouvoir vivre en son nom, sans dépendre ni des Auchincloss, ni des Kennedy, ni d'aucun homme. Sereine : elle ne finira pas ruinée comme Black Jack. Elle a un compte en banque bien rempli qui lui évite insomnies, cauchemars, paniques, bien plus rassurant que n'importe quel somnifère, calmant ou... amant. Elle peut enfin envisager la vie comme une aventure, solitaire mais intéressante.

Au début, elle se comporte comme une débutante timide. Elle reste chez elle, s'occupe de ses enfants, regarde la télévision, fait du yoga, du jogging, de la bicyclette, ressort ses livres de cuisine, commande ses courses par téléphone, organise des petits dîners chez elle, arrange son appartement, change les meubles de place, encadre les photos qu'elle aime. Elle prend ses marques, dispose des repères, se repose et s'occupe d'elle. Elle n'échappe pas à la fascination du scalpel qui rend belle et, comme toutes les femmes chics de Manhattan, se livre à quelques opérations esthétiques pour effacer les rides des yeux et le gras des mâchoires. Elle passe ses week-ends dans sa maison de campagne, dans le New Jersey. Monte à cheval, peint, dessine, lit. D'après sa tante, Michelle Putman, « elle avait installé un télescope dans son appartement de la Cinquième Avenue qui lui permettait d'observer les gens dans le parc ; la femme la plus regardée du monde était au fond une voyeuse ! ». Elle n'a toujours pas d'amies intimes, si ce n'est sa sœur Lee. Elle apprécie toujours aussi peu ceux qui veulent s'approcher d'elle et se montrent familiers. Elle préfère la solitude ou la compagnie de ses enfants. John et Caroline ont grandi : ils font des études, ils ont leurs copains, rentrent et sortent de la maison, créant un brouhaha agréable mais de courte durée. Ils sont toujours aussi proches mais n'ont plus besoin d'elle comme avant. Elle leur a donné force et assurance : ils prennent leur indépendance.

Elle éprouve alors le syndrome de toutes les femmes qui ont axé leur vie sur leurs enfants et qui, lorsque ces derniers grandissent et volent de leurs propres ailes, se retrouvent seules et désorientées. Que faire ? Elle tourne en rond dans sa vie bien rangée. Elle se rappelle le temps où elle était journaliste, rencontrait des gens, voyageait, apprenait. Travailler la tente. Elle en parle autour d'elle, joue avec l'idée.

Une maison d'édition, Viking Press, lui propose de l'embaucher. Elle accepte. Elle commence, au mois de septembre 1975, avec un salaire de 10 000 dollars par an et des horaires très souples pour lui permettre de s'occuper de ses enfants. Au début, elle manque d'assurance : elle ne sait pas ce qu'on attend d'elle. Puis elle apprend et découvre qu'elle aime travailler sur des manuscrits, encourager les auteurs, suivre leurs ouvrages. Son assistante, Barbara Burn, se souvient : « Avant son arrivée, le scepticisme dominait. Mais, au bout de quelques jours, nous avons été plaisamment surpris de devoir reconnaître en elle autre chose qu'une empaillée avec une drôle de voix. Elle n'avait rien d'une Marie-Antoinette-à-la-ferme et prenait très au sérieux son nouveau métier. Il s'est vite trouvé qu'elle aimait travailler sur les manuscrits et les mettre au point. Elle avait l'œil pour ça et bossait dur. Lorsque chacun l'eut compris, elle s'est un peu détendue. Il était cependant difficile de s'habituer à croiser une couverture de magazine aussi souvent dans les couloirs. »

Journalistes, photographes, cameramen l'attendent dans le hall d'entrée. Jackie les ignore. Elle a trouvé beaucoup plus intéressant que la gloire en clichés : une passion.

Elle continue, cependant, à être odieuse avec ceux qui fouillent dans sa vie. Elle se bouche le nez, dans une librairie, en passant devant un auteur qui dédicace un livre sur elle. Mais elle peut se montrer délicieuse avec de parfaits inconnus. Elle aide une jeune fille qui a la jambe dans le plâtre à s'installer dans un taxi. La jeune fille n'en revient pas : « Vous vous rendez compte : être mise dans un taxi par Jackie Onassis ! » Elle envoie des lettres délicates et raffinées chaque fois qu'elle est invitée à dîner, pour remercier. Ceux qui la rencontrent sont émus par sa grâce, son intelligence et sa beauté. Elle éblouit le poète anglais Stephen Spender qui fait sa connaissance à une soirée chez des amis. Il lui demande ce dont elle est la plus fière dans sa vie et elle répond, de sa petite voix douce : « J'ai eu des heures extrêmement difficiles et je ne suis pas devenue folle. » « J'ai trouvé cela très touchant, raconte son hôtesse, Rosamond Bernier, conférencière au Metropolitan Museum of Art. Quel succès ! Être passé par ce par quoi elle est passée et avoir réussi à conserver son équilibre mérite des félicitations. Je ne dis pas qu'elle soit parfaite.

Comme tout un chacun, elle a ses défauts. Elle a du mal à s'ouvrir aux autres, peut-être en partie à cause de ce qu'elle a vécu. Il faut dire aussi qu'elle est foncièrement secrète. Elle n'apprécie pas les familiarités. Je crois que c'est une solitaire, une timide. »

En novembre 1976, le bon vieil oncle Hughie meurt, ruiné. Merrywood et Hammersmith Farm ont été vendues. Janet Auchincloss habite maintenant la maison des gardiens! Jackie place un million de dollars sur le compte de sa mère afin qu'elle ne manque de rien. Mais elle ne se rapproche pas de Janet pour autant. Elle s'occupe d'elle, veille sur sa santé, agit en femme de devoir sans démonstration particulière. Il faudra de nouvelles épreuves familiales pour que les deux femmes fassent vraiment la paix.

Un éditeur, John Sargent, président de Doubleday, propose à Jackie d'entrer dans sa maison en qualité d'éditeur associé. Flattée et intéressée, elle accepte. « Son rôle était d'attirer les célébrités, explique John Sargent. Elle s'occupait en outre de livres d'art et d'albums de photos comme elle l'avait fait chez Viking. Ses relations étaient censées lui permettre d'amener des auteurs nouveaux. »

Comme d'habitude, elle a ses partisans et ses détracteurs, et il est difficile de démêler les raisons de chacun. Sa timidité fait rire les uns, émeut les autres. Elle ne connaît pas les salles de réunions, se trompe de porte, n'ose pas émettre d'avis en public. Elle est aussi intimidée que lorsqu'elle a posé le pied pour la première fois à la Maison-Blanche. « Elle ressemblait davantage à un poulet effrayé qu'à la veuve d'un Président des États

Unis», dira un de ses collègues. Son statut particulier irrite. Elle n'est présente que trois jours par semaine. Le reste du temps, elle travaille à son domicile. La distance dont elle fait toujours preuve et la présence incessante de ses fans exaspèrent certains. De plus, elle a toujours cet air distrait qui donne à croire qu'elle méprise les autres. Jackie n'est pas faite pour le monde du travail, les cafés partagés autour de la machine, les confidences chuchotées, les adresses qu'on s'échange, les fous rires piqués sur le dos d'un chef de service, les plaisanteries grasses et les ragots qui circulent. Elle est à part. Dans son monde à elle. Elle travaille, sort des livres ; certains sont bons, d'autres moins. Elle publie les Mémoires de Michael Jackson. Elle s'applique comme une écolière et apprend son métier. Mais voilà : quand on est Jacqueline Bouvier Kennedy Onassis, on n'a pas droit à l'erreur. Quand on marche la tête haute, il ne faut pas trébucher. Quand on s'est installé sur un piédestal, on ne peut pas en descendre pour papoter avec ses collègues. Quand on a été l'ennemie et l'amie publique numéro un pendant des années, on vous guette, on vous écharpe ou on vous adule. Mais jamais on ne parle de vous objectivement. Au comité de lecture, ses rapports déclenchent l'enthousiasme ou la critique méchante. Elle n'en a cure et continue. Elle aime travailler et est habituée à être le point de mire. Elle tient bon.

Elle a d'autres soucis en tête. La famille Kennedy continue sa saga maudite. «Peter Lawford était de plus en plus drogué et alcoolique, raconte David Heymann, et son mariage avec Pat Kennedy Lawford se détériorait de jour en jour; chez les enfants de Bob Kennedy, ce n'était qu'une suite de catastrophes (accidents de voiture, échecs scolaires et renvois, drogue, suspension de permis de conduire); Kara, la fille de Ted, fumait du haschisch et de la marijuana et avait fait une fugue; Joan Kennedy était alcoolique; Teddy Kennedy junior avait dû être amputé d'une jambe à la suite d'un cancer de la moelle osseuse. Bien contre son gré, Jackie se trouvait mêlée à ces pénibles situations. Lorsque Joan apprit que son mari la trompait, elle demanda conseil à Jackie. Si quelqu'un était au courant de l'infidélité des Kennedy, c'était bien Jackie. "Les hommes Kennedy sont comme ça, lui déclara tranquillement Jackie. Dès qu'ils voient une jupe, il faut qu'ils courent après. Cela ne signifie rien." Joan Kennedy était manifestement perdue. Elle n'était pas de taille. Elle avait voulu s'adapter mais ne pouvait pas; Jackie "l'originale" avait assez de présence d'esprit pour combattre les forces destructrices de la famille Kennedy, mais savait aussi profiter de ce qui lui était utile. »

Jackie ne veut pas que ses enfants soient contaminés par le virus du malheur. « Ce qui me préoccupe le plus au monde, c'est le bonheur de mes enfants. Si on échoue avec ses enfants, alors je ne vois rien d'autre qui, dans la vie, puisse avoir une grande importance, en tout cas pour moi. »

Elle les tient soigneusement à l'écart, tout en encourageant quelques réunions familiales pour garder le contact et le prestige (extérieur) du nom. Elle sait que le fait d'appartenir à la tribu reste un atout mais ne veut pas que le fond de l'âme Kennedy perturbe ses enfants. Toujours souriante, aimable avec les Kennedy, elle les réunit une fois par an pour un gigantesque pique-nique, sur ses terres à elle.

Caroline aussi se tient à l'écart. Indépendante et rejetant les apparences, elle entend vivre à sa manière. Elle part faire ses études à Londres, revient les terminer aux États-Unis. Elle est attirée par les artistes, les marginaux et refuse d'appartenir au monde élégant de sa mère. Elle décline la proposition de Jackie de faire ses débuts dans le monde et sort avec des journalistes, des peintres, des sculpteurs, des écrivains. Elle deviendra avocate, épousera un original, mi-artiste, mi-intellectuel, avec qui elle aura trois enfants et vivra heureuse et cachée. Jackie, au fond, est enchantée : elle reconnaît en Caroline la Jac-line de 22 ans qui rêvait d'une vie informelle et originale. Elle approuvera toujours les décisions de sa fille.

John, plus facile et moins décidé que sa sœur, inquiète davantage Jackie. Elle tremble à l'idée qu'il pourrait être homosexuel (il n'a pas eu de père et a grandi entouré de femmes), l'élève à la dure, surveille ses fréquentations. « C'était un gentil garçon, raconte son premier amour, mais les choses n'étaient pas faciles pour lui car il était sans cesse observé, et sans doute le sera-t-il toujours. Et quoi qu'il fasse dans sa vie, il ne sera jamais à la hauteur de son père. »

Dans la tête des gens, il est toujours le petit John-John qui salue au garde-à-vous la dépouille de son père, dans son manteau de lainage bleu. Je me souviens l'avoir vu, à New York, une nuit, faisant la queue pour entrer dans une discothèque. Une fille s'écria en l'apercevant :

« Mais c'est John-John ! » Le garçon qui l'accompagnait entonna : « C'est John-John, c'est John-John ! » et John sortit de la file, prêt à se battre. Il fut retenu par des amis et tout rentra dans l'ordre.

Ce genre d'incident devait lui arriver souvent.

Jackie est à l'affût. Elle l'envoie consulter un psychiatre, lui reproche ses mauvais résultats scolaires, le change d'école, s'oppose à son désir de devenir acteur et lui impose de finir son droit. A la fin de ses études, il souhaite découvrir le vaste monde et part un an en Inde. John, de nature indolente, obéit toujours à sa mère. Quoi qu'elle dise, il l'aime et la respecte. Jackie-John-Caroline : la trinité ne se défera jamais. Ce trio est sûrement la plus belle réussite de Jackie.

Vers la fin de sa vie, Jackie semble avoir fait la paix avec ses anciens démons. Elle est riche. Elle est toujours belle : les hommes sont subjugués quand elle entre dans une pièce. Mais elle s'en moque. Elle a trouvé un équilibre et « cultive son jardin ». Elle continue à s'occuper de la mémoire de John Kennedy, inaugure la bibliothèque qui porte son nom à Boston.

Dès qu'on la voit en public avec un homme, on lui prête une nouvelle liaison. Mais avoir des liaisons ne l'a jamais intéressée.

Le dernier homme de sa vie s'appellera Maurice Tempelsman. Ils vivront quatorze ans ensemble.

Ils ont le même âge. Il a fait fortune dans le commerce des diamants. Elle le connaissait depuis longtemps : il avait été reçu avec sa femme à la Maison-Blanche quand il était le conseiller de JFK pour les affaires africaines. Il fut d'abord l'ami de Jackie, son conseiller financier (il multiplia sa fortune par dix), puis son amant et son compagnon. D'origine belge, né à Anvers, Maurice parlait français avec Jackie. Cela garantissait leur intimité et donnait à leur relation un petit air européen auquel elle fut sûrement sensible.

Les gens l'appellent « l'Onassis du pauvre », mais Jackie hausse les épaules. « J'admire Maurice, sa force et ses succès et j'espère de tout mon cœur que ma notoriété ne l'éloignera pas de moi. » Petit, replet, chauve, il fume des cigares, collectionne les œuvres d'art et multiplie les millions comme un magicien. Ils ont les mêmes goûts, font du bateau, des croisières (même si leur voilier a l'air d'un youyou à côté du *Christina*), parlent littérature et art, écoutent des opéras, vont dîner dans des petits restaurants sans déclencher d'émeutes. Il se montre doux et attentionné envers elle. Bien sûr, il n'est pas aussi beau et célèbre que John, aussi puissant et charmant qu'Ari mais qu'importe ! Avec lui, Jackie découvre un bonheur tendre et simple.

Un observateur anonyme est bouleversé, un jour, de la rencontrer dans un simple café, « un débit graillonneux de hamburgers. Au comptoir ! Avec un exemplaire du *New York Magazine*. En imperméable mastic et pantalon noir, elle mangeait un sandwich ».

La cinquantaine passée, elle semble avoir fait la paix avec la vie et les hommes. Elle a trouvé équilibre et bonheur. Même si Maurice Tempelsman est marié et qu'il ne peut divorcer, car sa femme refuse. Il vit avec elle, l'accompagne dans ses voyages, ses sorties, Caroline et John l'aiment. Elle a enfin constitué une famille... normale.

Les dernières années de la vie de Jackie sont paisibles. Il lui arrive encore de se battre avec des photographes qui la poursuivent ou des firmes qui utilisent son image sans lui en avoir demandé l'autorisation. Elle ne supporte toujours pas l'intrusion de quiconque dans sa vie privée et défend farouchement son droit à être respectée. Elle n'a rien oublié de ses vieilles rancunes. Une fois qu'elle s'est sentie trahie, c'est pour la vie. Elle est terriblement vindicative et possède une mémoire infaillible d'où l'affront n'est jamais effacé.

Mais elle a installé un rythme de vie qui lui convient tout à fait. Elle se lève chaque matin à sept heures et part se promener une heure au bras de Maurice Tempelsman, dans Central Park. « Je la voyais chaque jour dans le parc, m'a raconté une amie new-yorkaise. Elle était habillée n'importe comment, enveloppée dans des châles, des écharpes, portant un vieux survêtement, un béret sur la tête. On aurait dit une clocharde mais, en même temps, elle avait l'air rayonnante et, même en négligé, elle paraissait belle, unique... »

Puis elle se change et part pour son bureau. Elle maîtrise maintenant son métier d'éditeur, fait paraître des livres de photographes, d'historiens ou de célébrités. Elle publie des romans étrangers ou américains. Elle est toujours à la disposition de ses auteurs et s'adresse à eux comme s'ils étaient la première merveille du monde. Elle ne fait pas semblant : elle sait écouter et elle aime apprendre.

Quand ceux qu'elle aime sont dans le malheur, elle accourt. « Jackie possédait au plus haut point la qualité de tenir bon dans les épreuves, raconte Sylvia Blake, une amie. On n'entendait pas parler d'elle pendant longtemps, mais s'il arrivait quelque chose elle était là. Lorsque ma mère est morte en 1986, j'ai beaucoup vu Jackie. On n'aurait pas pu être plus gentille, plus attentionnée, affectueuse et exquise qu'elle ne l'a été. »

Quand Janet Auchincloss tombe malade, frappée par la maladie d'Alzheimer, elle la soigne. Elle oublie tout son ressentiment et veille sur elle patiemment.

Grâce à Caroline, elle est devenue grand-mère et s'occupe de ses trois petits-enfants : Rose, Tatiana et Jack. Une fois par semaine, elle les prend une journée entière et les emmène se promener et jouer dans Central Park. Elle passe ses vacances avec eux dans la maison qu'elle a achetée (et décorée) à Martha's Vineyard. « Ma petite maison, ma merveilleuse petite maison », répète-t-elle, éblouie.

Les gens heureux n'ont pas d'histoires et Jackie en fait partie. Il n'y a plus de Prince charmant pour la faire rêver et souffrir, plus de tueurs embusqués pour la menacer, plus de mauvaises langues pour la juger, de rumeurs salissantes ou de ragots colportés pour la démolir.

À 64 ans et demi, en février 1994, elle est toujours belle et éclatante, quand elle apprend qu'elle est atteinte d'un cancer des glandes lymphatiques. Elle est hospitalisée, subit une chimiothérapie et, devant la progression inexorable du mal, demande à retourner chez elle. Elle fait son testament. Un modèle du genre, selon le mensuel économique américain *Fortune*. Elle n'oublie personne : tous ceux qui l'ont aimée ou servie y figurent. John et Caroline en sont les principaux bénéficiaires mais aussi ses neveux et nièces, ses petits-enfants et la fondation CJ (pour Caroline et John) qui sera chargée de financer « des projets contribuant à l'élévation de l'humanité ou à la guérison de ses souffrances ». Belle réponse de la Princesse à ceux qui la traitèrent de pingre et d'égoïste de son vivant !

Le jeudi 19 mai 1994, entourée de ses enfants et de ses proches, Jackie s'éteint. Le peuple américain pleure : il a perdu sa reine, sa princesse, sa duchesse. A elle seule, elle a fait vendre plus de journaux, de scénarios et de livres que toutes les familles royales du Gotha mondial. Elle emporte avec elle son mystère. C'est son dernier pied de nez à ses adorateurs et à ses détracteurs.

Là-haut, tout là-haut, un bel homme se frotte les mains et choisit son plus beau costume blanc en gabardine, lisse ses épais cheveux noirs, vérifie son hâle et arrange sa cravate : il va enfin retrouver sa fille. Depuis le temps qu'il l'attend, qu'il la voit se débattre sur terre ! Il lui ouvrira les bras et la félicitera. Elle a bien retenu ses leçons, elle a tenu le monde en haleine. « Quand tu es en public, ma fille, mon amour, imagine-toi que tu es sur une scène, que tout le monde te regarde et ne laisse jamais rien deviner de tes pensées. Garde tes secrets pour toi. Sois mystérieuse, absente, lointaine et ainsi tu resteras toujours une énigme, une lumière jusqu'à la fin de ta vie, ma beauté, ma plus que belle, ma reine, ma Princesse... »

Épilogue

Jacqueline Bouvier Kennedy Onassis fut enterrée aux côtés de John Fitzgerald Kennedy, dans le cimetière d'Arlington. « L'endroit est si beau que j'aimerais y rester pour toujours », avait-elle dit quand elle y avait conduit son mari assassiné. Elle rejoignait aussi sa petite fille mort-née et son petit garçon Patrick qui n'avait vécu que trois jours.

Elle rejoignait le mythe Kennedy.

Ce mythe, elle a largement contribué à le créer et à l'entretenir. Si, malgré toutes leurs mésaventures, les Kennedy restent une légende aujourd'hui, c'est en grande partie grâce à la volonté, à la dignité, au sens de l'Histoire de Jacqueline Bouvier qui jamais ne baissa les yeux devant l'adversité. Les malheurs continuaient de s'abattre sur la famille (William Kennedy Smith, un neveu de Jackie, fut jugé pour viol en 1991 et acquitté de justesse), mais Jackie veillait. Elle faisait front. Elle était l'étendard, battant et brillant, de la tribu en train de se défaire derrière son dos. Le vieux Joe avait eu du flair lorsqu'il avait poussé John à épouser cette fille à l'allure et au charme éblouissants. Sans le savoir, il avait choisi son héritier.

Mais en acceptant de devenir une « Kennedy pour toujours », Jackie se joua un mauvais tour. Elle s'enferma dans une image et ne s'en délivra jamais. Elle passa à côté de Jacqueline Bouvier. Elle, qui était avant tout une individualiste, une artiste, une originale, dut se couler dans un moule rigide. Elle se mutila. Elle ne voulut jamais le montrer et se raidit encore davantage. Elle se mit au garde-à-vous. Pour qu'on n'aperçoive rien d'autre que cette apparence lisse et énigmatique. En échange de son sacrifice, elle fut transformée en icône vivante. Mais, tout au fond d'elle-même, avait-elle voulu ce destin vertigineux ?

Je ne crois pas. Elle était plus profonde, plus complexe que cette belle image qu'elle imposa d'elle. Image qui lui servit à la fois de bouclier et de bouée de sauvetage. Car elle se perdait souvent dans ses dédales intérieurs : elle aimait le pouvoir, mais dans l'ombre, possédait une âme d'aventurière mais tremblait de peur sans protection ; elle avait des comportements d'avant-garde et des manières petites-bourgeoises, parlait comme une enfant et montrait une poigne d'acier en cas de malheur, pouvait jouer les délicieuses marquises et lisait Sartre. Elle incarnait trop de femmes à la fois. Tirée à hue et à dia entre toutes ses aspirations, elle souffrait tant de ses contradictions que lorsque la tension était trop forte, qu'elle ne pouvait la maîtriser, elle se recroquevillait sur elle-même et refusait d'avancer. Elle devenait alors bête et bornée, méchante et mesquine. Elle s'en prenait aux hommes et à leur pouvoir. Au fait qu'elle avait été obli-

gée d'en passer par eux pour écrire l'histoire de sa vie.
Elle choisit les plus puissants, les plus connus (elle était
trop orgueilleuse pour se contenter d'une cible facile) et
les fit payer. Au sens véritable du mot. Combien de
femmes perdues, trompées, humiliées ne se vengent-
elles pas de la même manière ?

En agissant ainsi, Jackie retombait en enfance et s'en-
fonçait encore davantage dans son malheur originel.
Elle redevenait la petite Jacqueline tiraillée entre sa
mère et son père, entre un conservatisme bien-pensant
et une vie d'aventures et de plaisirs échevelés ; elle ne
savait plus où se diriger et demeurait pétrifiée. Pour
renaître l'instant d'après, comme par enchantement, en
une créature étonnante, éblouissante. « Tu seras une
reine, ma fille... »

Si seulement, elle avait pu oublier les voix de son
enfance et se mettre à son compte...

Elle ne le pouvait pas : pour vivre à son compte, il faut
avoir confiance en soi. Et pour avoir confiance en soi, il
faut que le regard doux, généreux et bienveillant d'un
père ou d'une mère se soit posé sur l'enfant. Jackie ne
connut jamais ce regard doux, bienveillant, généreux.
Elle eut les sabres de deux grands égoïstes qui clique-
taient au-dessus de sa tête.

Elle vécut entre un piranha coriace et un piranha ado-
rateur. Il lui fallut toujours fuir pour ne pas être dévo-
rée. Toute sa vie fut donc une course éperdue. Elle ne
réussit jamais son envol mais vola pour les autres, ou
pour une autre qui n'était pas elle et qui s'appelait
Jackie. Et le pire, je pense, c'est qu'elle le savait. Elle
ne respectait pas, profondément, ce qu'elle avait fait

de sa vie. Elle avait eu un rêve autrefois... et elle n'avait
pas eu le courage de l'étreindre. Elle devait se dire
qu'avec un tout petit peu plus de caractère, elle se serait
taillé un destin à sa mesure. Un destin à elle. Signé
Jac-line.

Elle fut sa pire ennemie. Car elle était extra-lucide.
Elle s'en voulait de ne pas avoir eu ce courage et ses
colères à retardement étaient inexplicables et terribles.
Consciente de pouvoir être, de pouvoir faire, de pouvoir exister toute seule et en même temps empêtrée
dans ses inhibitions, ses peurs, sa panique de manquer,
et ses blessures de petite fille. Elle méprisait ses faiblesses mais en était prisonnière.

Elle fit alors de sa vie une production à la Jackie. Elle se
joua et rejoua « la Reine du cirque », changeant de cha-
piteau et de trapéziste au fil des ans et des humeurs.
Une superproduction du XXᵉ siècle, avec les paillettes
de la Beauté, du Pouvoir, de l'Argent, de l'Amour et de
la Haine. Un attrape-nigaud qui avait pour seul avantage de garder intact son douloureux secret.

C'est le secret que la petite Jacqueline Bouvier, fille
de Jack et de Janet, emporta dans sa tombe. Ce secret
qu'elle partage avec tant de femmes et d'hommes para-
lysés par leur enfance, immobilisés à l'âge où l'on déplie
ses ailes. Ce secret qui la rend si émouvante parce que,
tout à coup, si banale et si proche de milliers d'enfants
détruits par des parents inconscients du mal qu'ils font.
Ce secret qu'elle avait cru cacher en l'habillant des plus
beaux habits de la gloire.

Elle est partie en faisant confiance à ceux qui l'aimaient :
ceux-là avaient deviné son drame intérieur, ils chéri-

raient à tout jamais la petite Jacqueline Bouvier. Les autres n'avaient qu'à se contenter de la belle image, du bel album de photos qu'elle leur laissait, des belles histoires que la postérité, cette grande menteuse, ne manquerait pas de raconter.

Remerciements

Ce livre n'est pas un ouvrage historique, ni une biographie exhaustive. C'est un portrait, ou plutôt un essai romancé, que m'a inspiré une jeune fille du nom de Jacqueline Bouvier. Je voudrais remercier tous ceux qui, par leur travail et leurs enquêtes, m'ont permis d'approcher le personnage mystérieux qu'était Jacqueline Bouvier Kennedy Onassis. Et, en premier, David Heymann, dont le superbe livre *Jackie. Un mythe américain. Jacqueline Kennedy Onassis* (paru aux éditions Robert Laffont, Paris) m'a beaucoup aidée, grâce aux centaines d'anecdotes et de témoignages qu'il rapporte.

Merci aussi à :

– Stephen Birmingham pour son livre *Jacqueline Bouvier Kennedy Onassis*, Grosset and Dunlap Inc., New York;

– J. B. West, *Upstairs at the White House*, Coward, McCann & Geoghegan;

– Mary Barelli Gallagher, *My Life with Jacqueline Kennedy*, Michael Joseph, Londres;

– Nigel Hamilton, *JFK. Reckless Youth*, Random House Inc., New York;

– Kitty Kelley, *Oh! Jackie*, Buchet-Chastel, Paris;

– Romain Gary pour son article paru dans *Elle* (4-10 nov. 1968).

UNE SI BELLE IMAGE

Merci également à Fernande Ricordeau, à la documentation de *Paris-Match*, qui a mis à mon service tous les articles, les témoignages, les rapports concernant Jacqueline Bouvier Kennedy Onassis.
La liste des journalistes qui ont écrit des articles sur Jackie et les références de leur publication sont trop longues pour être intégralement reproduites ici, mais je tiens à les remercier tous car ils ont contribué à me faire comprendre le personnage et le destin de Jackie Kennedy Onassis.

K. P.

RÉALISATION : PAO ÉDITIONS DU SEUIL
IMPRESSION : IMPRIMERIE SEPC À SAINT-AMAND (CHER)
DÉPÔT LÉGAL : NOVEMBRE 1994. N° 23183 (2547)